職場が生きる
人が育つ
「経験学習」入門

LEARNING FROM EXPERIENCE
AN INTRODUCTION

松尾 睦◉著

ダイヤモンド社

Big Wave / Matsuo Takashi

はじめに

◆経験から学ぶ力とは何か

人は経験を通して学びます。例えば、挑戦的なプロジェクトへの参加、要求水準の高いクライアントの担当、できない部下を持った経験などは、人を成長させるきっかけになるといわれています。

しかし、同じことを経験しても、成長する人と成長しない人がいます。この違いはなぜ起こるのでしょうか。

それは、「経験から学ぶ力」の違いによるものです。

どのような経験をするかは偶然によって左右されることがありますが、その偶然を引き寄せたり、そこから多くのことを吸収できるかどうかは、仕事に対する姿勢や構えによって決まります。

自分の思い通りにコントロールしにくいという意味で、「経験から学ぶこと」は「波乗り」に似ています。仕事をしていると、さまざまな波がやってきます。私たちは波を作ることはできませんが、どの波に乗るかを決めることはできます。また、その波にどれくらい食らいついていくかも本人次第です。簡単な波ばかり乗っていても上達しませんし、いきなりビッグウェーブに挑んでも揉みくちゃにされるだけでしょう。私たちは、何とか乗り切れそうな波に挑み、失敗を繰り返しながら、徐々に成長していくのではないでしょうか。

「経験から学ぶ力とは何か」

これが本書のテーマです。「波乗り」のたとえで言うと、どのような姿勢で立ち向かえば、大きな波を乗りこなせるようになるかについて、この本では考えていきたいと思います。

本書の結論を先取りすると、経験から学ぶ力は、次のようにまとめることができます。

適切な「思い」と「つながり」を大切にし、「挑戦し、振り返り、楽しみながら」仕事をするとき、経験から多くのことを学ぶことができる

つまり、挑戦的な目標に取り組み、自分の仕事のあり方を振り返りながら、仕事の中に意義ややりがいを見つけるとき、人は経験から多くのことを学ぶことができます。本書では、「挑戦し、振り返り、楽しむ」という三要素を「ストレッチ、リフレクション、エンジョイメント」という言葉で表しています。そして、これら三要素を高める原動力は、仕事に対する「思いやこだわり」であり、他者との「つながり」です。

この結論は、経営学や心理学の研究を下敷きにしながら、優れたマネジャーへのインタビュー調査から導き出したものです。本書では、優れたマネジャーがいかに経験から学んでいるのかについての実例を交えながら、経験から学ぶ力について解説していきます。

◆本書を読んでほしい方

本書は、次の三タイプの読者を想定して書かれています。

- 早く成長したいと焦っている若手社員
- 最近、成長が止まったと感じている中堅・ベテラン社員
- 後輩、部下の育成に悩むマネジャー

まず想定する第一のタイプは、「早く一人前になりたい」という成長欲求は強いが、どこか空回りしている若手社員です。華々しい仕事にあこがれて転職を繰り返したり、現状に不満を抱えて仕事に集中できずにいると、いつまでも半人前の仕事しかできない人になってしまいます。最も成長しやすい二〇代という時期を無駄にしないためにも、「経験から学ぶ力」を身につけることが大切になります。

第二のタイプは、経験を積んで成長し、職場のリーダー格にはなったものの、次のステップに上れない三〇代以降の社員です。自分なりの持論やノウハウが固まってしまうと、人間は成長が止まってしまいます。この時期を乗り越えて、再び成長路線に戻るために必要なのは、「経験から学ぶ力」です。

最後のタイプは、後輩や部下を育成したいが、どうしたらいいかわからないと悩む管理職です。世代の違う若手にとまどい、コーチング手法を学ぶものの、うまくいかないといったケースが目立ちます。人材育成で最も重要なことは、後輩や部下の「経験から学ぶ力」を伸ばすことです。

◆本書のアウトラインと活用方法

ここで、本書のアウトラインについて紹介しておきます。

まず序章では、事例を通して、経験から学べる人、学べない人のイメージを持っていただき、簡単に「経験から学ぶ力のモデル」を説明します。

第1章は、人はどのように成長するのかについての大枠を理解してもらう章です。

第2章では、人は経験からいかに学ぶのかについての概要を説明します。序章から第2章までは、本格的な運動をする前のウォームアップのためのセクションだといえます。

第3章と第4章は、本書のメインのテーマである「経験から学ぶ力」について解説します。第3章では、「ストレッチ、リフレクション、エンジョイメント」の三要素について、第4章では、それら三要素を高める原動力である「思い」と「つながり」について解説します。

第5章では、視点を少し変えて、いかに部下や後輩の経験から学ぶ力を育てるかという問題を、OJT（オン・ザ・ジョブ・トレーニング：職場における訓練）の観点から考えます。

最後の第6章は、職場において経験から学ぶ力を高めるために必要な方法やツールを紹介するセクションです。


本書の利用の仕方は三つ考えられます。

まず、自らの学ぶ力について内省することです。本書の中には、経験から学ぶ力を診断するためのチェックリストをいくつか用意していますので、自己診断することで日々の活動に生かしてください。

第二の方法は、お互いに気心の知れた職場の同僚や友人・知人と、経験から学ぶ力について意見を交換するというものです。チェックリストを使って相互チェックすることで、自分では気づかなかった点が明らかになるでしょう。

第三の方法として、職場において、勉強会やワークショップを開き、メンバー同士が情報を交換することもできます。経験から学びづらくなっている現在、職場の環境をもう一度見つめ直すことは重要なテーマです。本書の活用方法については、第6章で詳しく説明しています。

それでは、前置きはこのくらいにして、本編に入りましょう。

職場が生きる 人が育つ「経験学習」入門◉**目次**

第4章　「思い」と「つながり」

第6章 学ぶ力を高めるツール 193

序章　経験から学べる人、学べない人

経験から学べる人と学べない人の違いを理解してもらうために、二人の三〇代ビジネスマンの事例を挙げたいと思います。

＊＊＊

電機メーカーに勤務するAさんとBさん。ともに中堅の私立大学を卒業した同期入社の二人は、一〇年あまりの営業経験を経て、今は中堅社員として、それぞれチームをまとめるリーダーの役割を果たしています。

ところが、ここにきて周囲からの評価に明らかな差がついてきました。人事考課上の評価だけでなく、上司や部下の評判にも、差がついているようです。

法人営業部で働くAさんは、「お客さんとともに成長したい」という思いが強く、部門でもトップクラスの成績をあげてきました。

彼は、売れないときには「なぜ売れないのか」、売れたときには「なぜ売れたのか」について考え、常に自分の売り方を振り返りながら、新しい売り方を模索してきました。また、日々新たな顧客を開拓することにも貪欲で、受注が難しいといわれるような顧客にも果敢にアプローチし、工夫次第で顧客から信頼を得られる営業という仕事に強いやりがいを感じています。

最近、職場のリーダーとしての自覚が出てきた彼は、若手のための勉強会を開き、後輩の育成にも熱心に取り組んでいます。

なお、Aさんには、悩んだときやスランプに陥った際に、ダメ出しを含め、率直なアドバイスをくれる他業種の友人・知人が数名います。彼らとの交流によって、Aさんは、自信過剰になっていることに気づかされたり、落ちこんだときには励まされたりと、知的な刺激を受けています。

一方、同じ部門で働くBさんは、「他人に負けない」ことにこだわる営業担当者です。Aさんと同期の彼は、二〇代にはそこそこの業績をあげていましたが、最近は伸び悩んでいます。しかし、自分のやり方を信じる彼は、たとえ業績が落ちても「自分は間違っていない」と従来の営業手法を変えようとしません。

「足しげく顧客を訪問し、熱意を示せば売れる」と考えるBさんは、その熱心さは買われているものの、自分が得意とする顧客を中心に訪問する傾向にあり、新規開拓には消極的です。売上が伸びていた頃は楽しかった仕事ですが、成績が伸び悩む最近は、いまひとつ面白さを感じることができないでいます。

後輩に抜かれたくない彼は、若手にアドバイスを与えることは少なく、有志による勉強会などにもほとんど参加することはありません。なお、社交的で社内に飲み友達は多いBさんですが、困ったとき、壁にぶつかったときに真剣に語り合える友人・知人が見当たりません。たまに本質的な意見をもらっても、それが批判的なものであると、彼は耳をふさいでしまう傾向があります。何より、他人に弱みを見せることを潔しとしない性格なのです。

＊＊＊

この同期入社の二人、Aさんのほうが Bさんよりも周囲からの評価が高いことは、きっとおわかりいただけると思います。

では、二人の違いは、何によって生じたのでしょうか。傍線を引いた部分を、比較対照してみてください。そこに、二人の違いが端的に表れています。

AさんとBさんの違い。それは、「経験から学ぶ力」を持っている人と、持っていない人の違いなのです。

傍線部分を見てみましょう。

受注が難しいといわれるような顧客にも果敢にアプローチする（Aさん）

自分が得意とする顧客を中心に訪問する傾向にある（Bさん）

まず、成長するために欠かせないのは、自分がやったことのない仕事や難しい仕事に取り組むことです。なぜなら、それによって新しい知識やスキルを身につけることができるからです。Aさんが、難易度の高い顧客にアプローチしているのに対し、Ｂさんは自分が慣れ親しんだ得意客しか訪問していません。難しい仕事に挑戦する姿勢が、成長のための第一歩といえます。

常に自分の売り方を振り返りながら、新しい売り方を模索（Ａさん）

「自分は間違っていない」と従来の営業手法を変えようとしない（Ｂさん）

いくら難しい仕事にチャレンジしても、「やりっぱなし」では成長はのぞめません。自分の仕事のあり方を振り返り、そこから教訓を得て、自分の仕事の仕方を検証することが大切になります。売れないときには「なぜ売れないのか」、売れたときには「なぜ売れたのか」を自分の頭で考え、自分の仕事の仕方を問い直しているＡさんは、しっかりと振り返りができています。これに対し、自分の営業手法にこだわるＢさんの姿勢は、成長を阻害しているといえるでしょう。

営業という仕事に強いやりがいを感じている（Ａさん）

いまひとつ面白さを感じることができない（Ｂさん）

人は、活動そのものに関心や興味を感じるとき、最も創造的になれるといわれています。Ａさんは、工夫次第で顧客に信頼してもらえる営業という仕事にやりがいを感じているからこそ、難しい顧客にもアプローチし、新しい売り方も模索しているのでしょう。これに対し、Ｂさんは、仕事に面白さを感じることができないでいるようです。仕事に意味や意義を見いだすことができるかどうか。これが人の成長を左右するといえます。

「お客さんとともに成長したい」という思い（Aさん）
「他人に負けない」ことにこだわる（Bさん）

ここでいう「思い」や「こだわり」は、「仕事上で重視する考え方」としての仕事の信念です。適切な信念を持つことが成長をドライブします。「顧客とともに成長したい」という思いを持つAさんは、自分の成長と顧客の成長の両方を大切にしていることがわかります。これに対し、「他人に負けない」という信念を持つBさんの関心は自分にのみ向けられています。

自分への思いと同時に、他者への思いを強く持っている人は、前向きに難しいことに挑戦し、自分を振り返り、仕事にやりがいを感じることができるのです。

率直なアドバイスをくれる他業種の友人・知人が数名いる（Aさん）
真剣に語り合える友人・知人が見当たらない（Bさん）

仕事上の壁にぶつかったときや、キャリアの問題に悩むとき、率直な意見をくれる他者が存在するかどうか。これが人の成長を左右します。このとき大切なことは、自分とは違う見方や考え方を提供してもらうことでしょう。社外の、それも異業種の友人、知人は、その意味で貴重です。「ダメ出し」も含めて、本質的なアドバイスをくれる友人のいるAさんに比べて、真剣に話せる友人がいないBさんは、自分が抱える問題点や進むべき道を見つけられないでいます。信頼できる他者との「つながり」を持っているかどうかは、人の成長を大きく左右するのです。

経験から学ぶ力のモデル

AさんとBさんの事例から、経験から学べる人と学べない人のイメージを持っていただけたでしょうか。経験から学ぶ力を簡単に表現するなら、次のようになります。

適切な「思い」と「つながり」を大切にし、「挑戦し、振り返り、楽しみながら」仕事をするとき、経験から多くのことを学ぶことができる

本書では図表0-1に示すように「挑戦し、振り返り、楽しむ」という三要素を「ストレッチ、リフレクション、エンジョイメント」というキーワードで表しました。

ストレッチとは、高い目標に向かって挑戦する姿勢を、リフレクションとは、何かアクションを起こしている最中やアクション後に、何が良くて何が悪かったかについて振り返ることを、エンジョイメントとは、やりがいや意義を見いだして、仕事を楽しむことを指します。

図表0-1 | 経験から学ぶ力のモデル

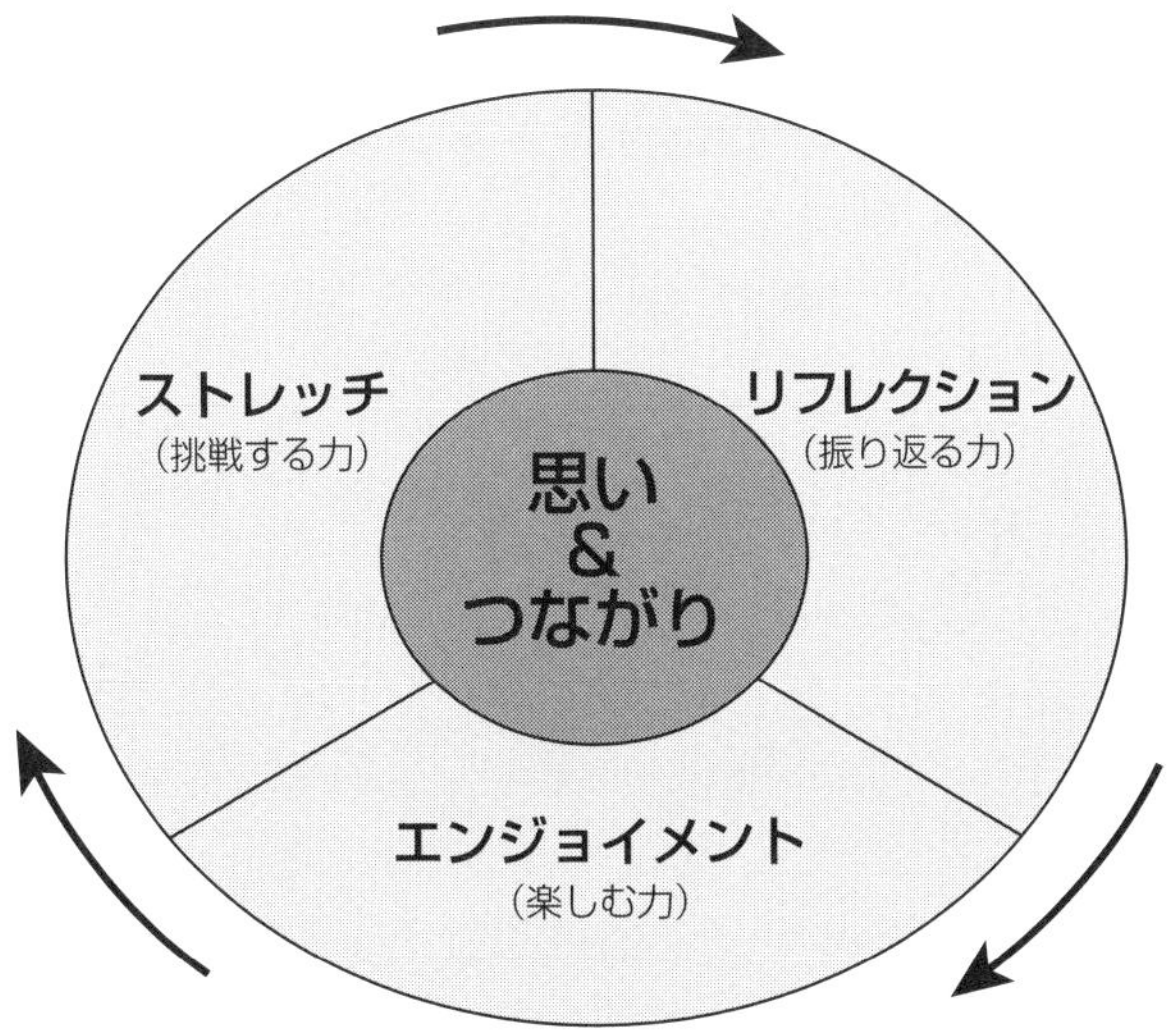

これら三つの要素は、自分が持っていない知識やスキルを獲得することを促します。そして、三つの要素を高める原動力となるのが「思い」と「つながり」です。「思い」とは、仕事をする上で大事にしている考え方や価値観であり、「つながり」とは、他者との関係性です。

人は独りでは仕事をすることができません。同僚、上司、先輩、お客さん、取引先、友人・知人、先生といった他者との関係を通して成長し、彼らとの関係性を通して、仕事への思いを醸成していきます。

仕事への「思い」と、他者との「つながり」は、高い目標に挑戦する気持ちを高め、自分の仕事を深く振り返ることを促し、仕事の意義や面白さを感じるきっかけを提供してくれます。

「思いとつながりを大切にしながら、挑戦し、振り返り、楽しみながら仕事をしている人」は、三〇歳、四〇歳を超えても成長し続けることができるのです。

ある大手メーカーの人材育成部門のマネジャーから興味深い話を聞くことができました。

このマネジャーが、入社一年後に行われる研修を担当していたときのことです。一五〇名ほどの若手に「一年間、どのように働いたか」についてレポートを書いてもらったそうです。

それをじっくり読んだ彼が、仕事を通して成長した新人と、あまり成長しなかった新人の違いを分析したところ、成長した新人の特徴は、本書の「経験から学ぶ力のモデル」が示すものとほぼ一致することがわかりました。

第一に、彼らは、上司や先輩の意見や指示をただ鵜呑みにするのではなく、自分だったらこう思う、というように、自分の頭で主体的に考えて、常により良いものを目指そうとする姿勢を持っていました（ストレッチ）。

第二に、業務を通じての成功や失敗を謙虚に振り返り、それぞれの要因をしっかりと整理した上で、今後に向けてどうすべきかを考えていました（リフレクション）。

第三に、自分がやりたい仕事でなくても、決して後ろ向きにならず、プラス思考で常に前向きに仕事に取り組んでいました（エンジョイメント）。

最後に、彼らは、グループの目標とは別に、個人としての仕事を進める上での基本姿勢や目標を自ら定め、何のためにやっている仕事なのかを全社的視点でとらえていました（思い）。

これらの特徴には、三つの要素「ストレッチ、リフレクション、エンジョイメント」と原動力である「思い」が含まれています。「つながり」が含まれていなかったのは、新人であるがゆえに、他者との関係を構築している途中であったと思われます。

このように、新人時代の一年間を見ても、経験から学ぶ力を持っているかどうかが成長を左右するといえるのです。

成長し続ける人は限られている

経験を積めば誰もが成長できるとは限りません。

ドレイファスという研究者は、人が成長していくプロセスを、図表0-2に示すように「初心者→見習い→一人前→中堅→熟達者」という五つのステップによって説明しています。[1]

ここでいう初心者とは、その世界に入ったばかりの新人で、職場で何が起こっているのかがわからない状態の人です。見習いになると、ようやく状況をつかむことができるようになりますが、まだ先輩や上司の指導が必要なレベルです。一人前になると、未熟ながらも、とりあえず一人で仕事ができるようになります。一人前というネーミングがついていますが、このレベルは「とりあえず一人前」の状態といえるでしょう。

中堅は、状況に応じて適切な対応策がとれる人で、職場の中核メンバーとして働ける人です。熟達者になると、速く正確に直観的に物事が判断できるようになります。外部にも名前が知られる職場のエー

図表0-2｜成長の五段階モデルと成長している人の割合

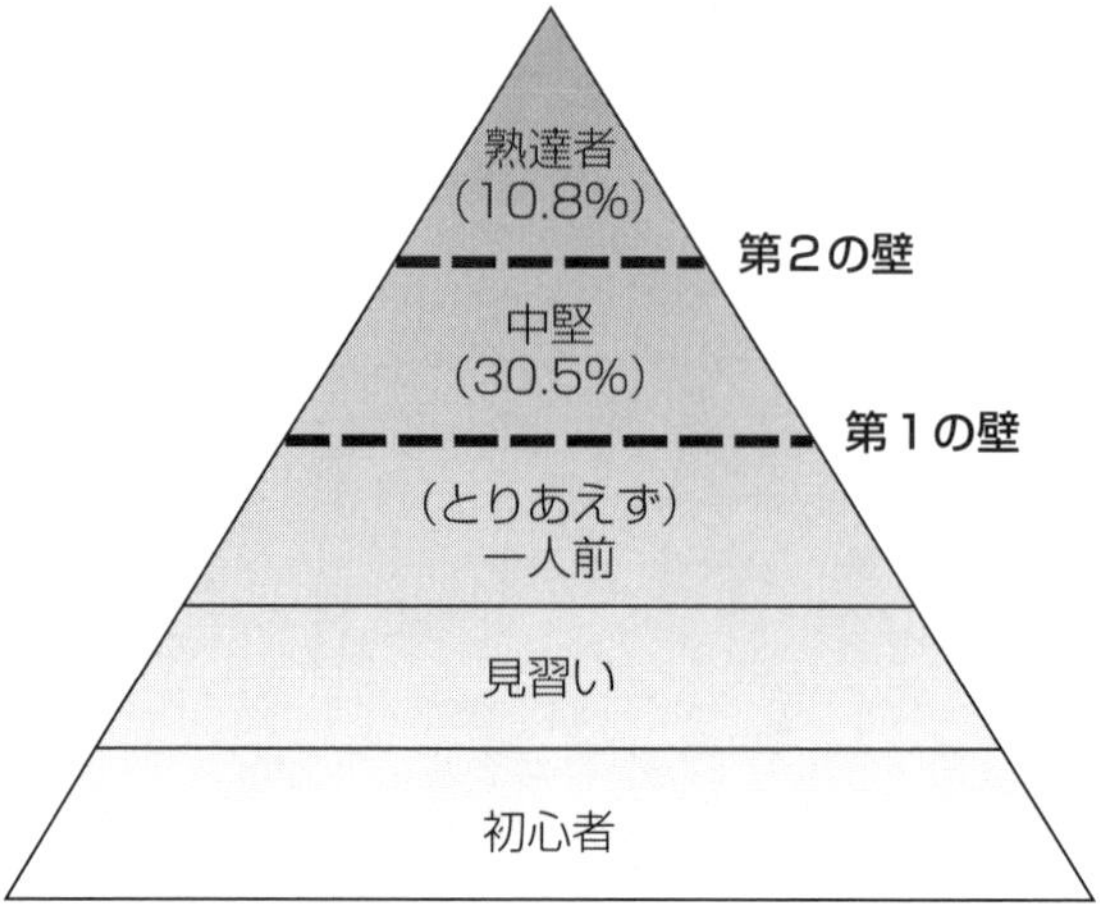

出所：Dreyfus(1983)と松尾(2010)を基に作成

スが熟達者のイメージです。

人材育成に造詣の深いある企業の役員の方は、中堅や熟達者について、次のように述べています。

「中堅は業務支援ができる現場のリーダーです。後輩に『こういうときには、こうするんだよ』と指示でき、上司と部下に挟まれている中間管理職の気持ちがわかり、共感できる人です。ただし、業務領域においてナンバーワンにはなっておらず、まだ迷いがある状態でしょうか。対人能力に関しては、自分の権力が及ばないところに対し、非公式ネットワークをはって部門調整することができます。これに対し、熟達者はある専門領域においてナンバーワンの力を持ち、『この問題はあいつに聞け』と言われるような人です」

ところで、中堅や熟達者は、組織の中に何割くらい存在するのでしょうか。

この点を調べるため私は、さまざまな民間企業の人材育成担当者一六九名に対して質問紙調査を実施し、各レベルの人材が社内にどのくらい存在するかを調べました。

組織によるバラつきはありましたが、平均すると、職場の中核となって働くメンバーである「中堅レベルの社員」は三〇・五％、外部でも名が知られる組織内のエースである「熟達者レベルの社員」は一〇・八％であることがわかりました。

つまり、この調査によれば、職場の中核メンバーが三割程度、エース級の人材は一割しかおらず、そのほかの六割の人は、「とりあえず一人前」以下のレベルなのです。ちなみに、看護師のような専門職や公務員を対象に調査してもこの割合はほぼ同じになります。

この六割という数字は、組織において多くの人が能力的に不十分な状態にいることを示しています。冒頭に示したBさんは、「一人前」と「中堅」の境界線のレベルだと思われますが、今後成長し続けることができるかどうかには疑問が残ります。

一方、職場のリーダーとして活躍しているAさんは、「中堅」レベルに達しており、「熟達者」への道を順調に歩んでいるといえるでしょう。

図表0-2に示すように、「とりあえず一人前」から「中堅」へ移行するときに第一の壁があり、「中堅」から「熟達者」に上るときに第二の壁があるといえます。

これまでの熟達研究によると、熟達者の割合は全体の五％程度ということが報告されていますので[2]、第二の壁を乗り越えることはなかなか難しいことです。せめて第一の壁を乗り越えて、中堅レベルに達するということが当面の目標になるでしょう。

しかし、企業ヒアリングをしていると、三〇代、四〇代になっても「中堅」レベルまで成長することができず、「とりあえず一人前」レベルで止まっている人々が少なくないことを耳にします。相応の経験は積んでいるはずなのに業績が低い人は「ローパフォーマー」と呼ばれ、企業のお荷物的な存在になっています。[3]

どうしたら「中堅」や「熟達者」のレベルに到達できるか。また、後輩・部下を中堅に成長させることができるか。その鍵を握るのが「経験から学ぶ力」なのです。

成長が止まりがちな三〇代以降

実は、中堅や熟達者のレベルに達した人も安心することはできません。なぜなら、順調に成長してきた人でも、ある時期に来ると成長が止まってしまうことが多いからです。

リクルート・ワークス研究所では、首都圏で働く四〇〇〇名以上の正社員に対して、二年ごとに大規模な調査を実施しています。その中から「成長実感」についてのデータを取り出し、「自分が成長している」という強い実感を持っている人の割合を年齢別にグラフ化したものが図表0-3です。

このグラフを見ると、強い成長実感を持っている人の割合は、三〇代に入って急激に落ちていることがわかります。これは、企業に入った初めの一〇年間は順調に成長するものの、仕事に慣れてきた三〇代以降は、徐々に企業人の成長が鈍化することを示しています。

なぜ、こうしたことが起こるのでしょうか。

図表0-3｜ビジネスパーソンの成長実感

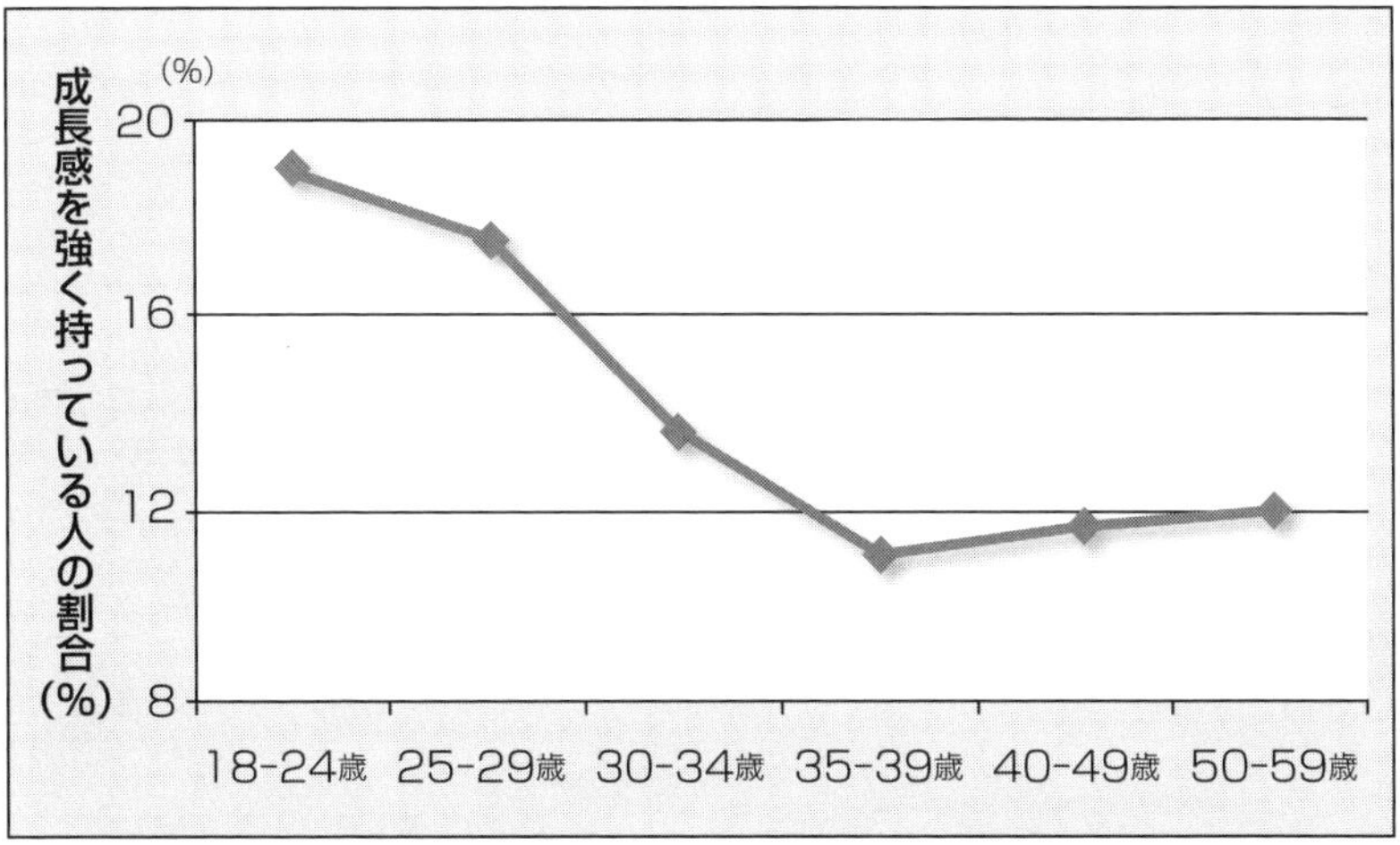

出所：ワークス研究所「2008年ワーキングパーソン調査」のデータを基に著者が作成

一つの理由は、知識が固定化してしまうことです。人は、経験を通して、問題を発見し解決するための知識やスキルを習得しますが、こうしたノウハウが一度出来上がってしまうと、そこに新たな知識を肉付けしていくことはできても、不必要となった部分を捨てたり、ノウハウを作り替えることが難しくなります。

長年、営業の教育に携わっているマネジャーは、成長が止まってしまう人の特徴について、次のように述べています。

「営業の世界には『昔のヒーロー』と呼ばれる人がいます。以前はトップセールスだったけれど、時代が変わっても同じ売り方に固執しているため、今では売上がパッとしない人たちです。彼らは『俺はこうやって売っていた』、『こうやって客の心をつかんだ』という思いにとらわれていて、昔のやり方が通用しなくなっていることに気づいていません。例えば『顧客と人間関係を作りさえすれば売れる』という体験をしている人は、環境が変わり、人間関係がドライになって、提案営業が重視されるようになっても、あいかわらず人間関係だけで売れると思いこんでいます。これに対し、優れた営業担当者は、時代の変化に合わせて、自分の売り方を柔軟に変えることができます」

営業に限らず、自分なりの仕事の仕方やノウハウを身につけることは大切なことですが、そうしたノウハウは、常に手入れをして磨き、改定し続けなければなりません。

中堅や熟達レベルに達した人でも、昔のやり方に固執するだけでは、そこで成長が止まってしまいます。環境の変化に合わせて、自分の仕事の仕方や方法を見直すためには「経験から学ぶ力」が求められるのです。

冒頭で紹介したAさんは、時代や環境の変化に合わせて、常に自分の営業手法を問い直し、新しい売り方を模索していました。一方、Bさんは、自分の営業のやり方を変えようとしていませんでした。この差が、二人の今後の成長を大きく左右するでしょう。

本書の全体像

ここで、次章以降のアウトラインと各章の関連性について説明しておきましょう。

図表0-4に示すように、人は経験から学ぶことで成長します。そして、成長の過程において、徐々

図表0-4｜本書の全体像と各章の関係

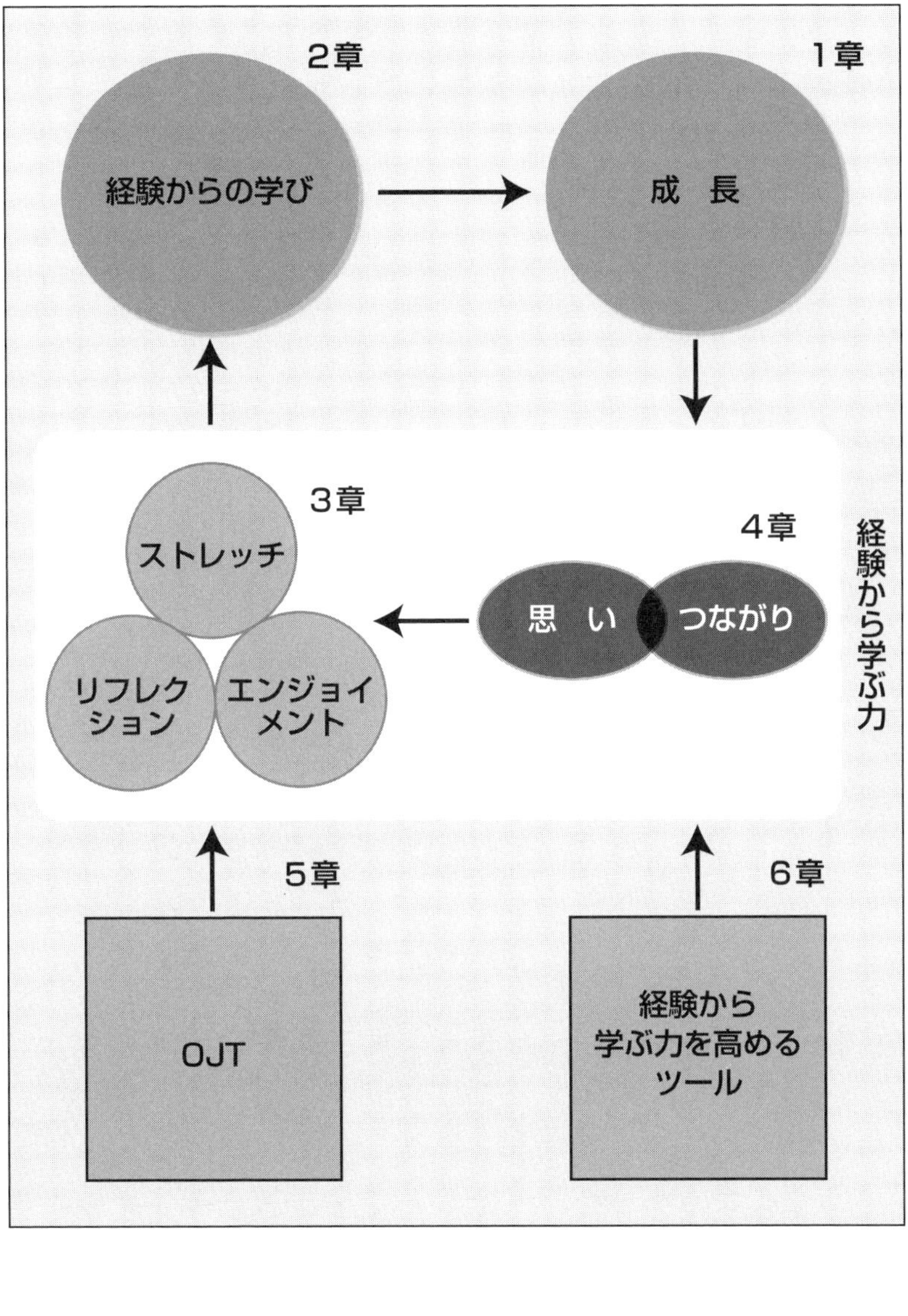

に仕事への「思い」が養われ、他者との「つながり」が形成されていきます。この「思い」と「つながり」が、「ストレッチ、リフレクション、エンジョイメント」という経験から学ぶ力を高める原動力となります。

このような循環的なサイクルが回ることで、人は経験から多くのことを学び、成長し続けることができます。

成長については第1章で、経験からの学びについては第2章で説明した後、本書のメインテーマである「経験から学ぶ力」については第3章と第4章で考えます。

そして、経験から学ぶ力を高めるOJT（オン・ザ・ジョブ・トレーニング：職場における訓練）のあり方を第5章で、経験から学ぶ力を高めるツールについては第6章で検討します。

第 1 章

成長とは何か

自分への思いから、
他者への思いへと視点を広げる

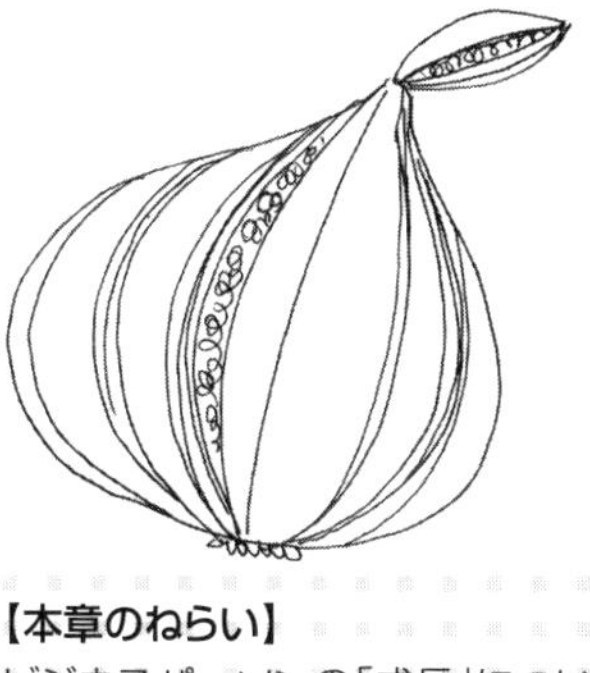
Learning from Experience

【本章のねらい】

ビジネスパーソンの「成長」について、「能力的成長」と「精神的成長」の二つに分けて見ていきます。「学びほぐし(アンラーン)」についても理解してください。

能力的成長と精神的成長

「最近、彼は成長しているな」というとき、その人の中で何が変わっているのでしょうか。

それは、仕事をこなす能力がアップしたということだけでなく、仕事に向かう姿勢が変化したことを指すことが多いはずです。

本書では、業務を遂行するための能力が高まることを能力的成長、仕事に対する考え方が適切なものになることを精神的成長と呼ぶことにします。

例えば、「業務スピードが速くなり正確になった」、「顧客とうまくコミュニケーションできるようになった」、「部門をまとめる力がついた」、「業務上の問題点に気づき、改善提案ができるようになった」、「新しいビジネスの提案ができるようになった」などが能力的成長にあたります。

一方、「組織の一員としての自覚が出てきた」、「自分の仕事は、職場の他者に支えられていることに気づいた」、「顧客の立場でものを考えることができるようになった」、「社会への貢献を意識して、自分の仕事を考えるようになった」などが精神的成長の例です。

これに対し、序章で取り上げたBさんのように、仕事はできるけれども、同僚のことを考えない、わがままで自己中心的な人がいるのも事実です。このような人は、能力的には成長していても、精神的には成長していないといえます。

高度な専門知識や経営技術を持ちながら、不正取引などに手を染めてしまうようなビジネスエリートたちも、能力的には成長していても、精神的に成熟していないケースです。
では、これら二タイプの成長について、もう少し詳しく見ていきましょう。

能力的成長とは

本書では、能力的成長を、「仕事上の問題を発見し解決するために必要な知識やスキルを獲得すること」と考えています。いわゆる「熟達」という言葉で表されるものです。

能力的に成長した人と、成長していない人の違いはどこにあるのでしょうか。それは、テクニカルスキル、ヒューマンスキル、コンセプチュアルスキルの差です。

この三区分は、カッツという研究者が提唱しているものです。[4]

仕事を円滑に進めるためには、専門的な知識や技能（テクニカルスキル）、他者とコミュニケーションしたり、集団を率いる能力（ヒューマンスキル）、自分たちを取り囲む環境の動きを察知したり、戦略的に物事を考える力（コンセプチュアルスキル）が必要になります。

ただし、図表1-1に示すように、仕事に必要な能力は、組織の階層によって異なります。

例えば、スーパーマーケットのケースを考えてみましょう。現場を管理する主任には、自分が担当する売り場に関わる商品知識や陳列の方法というような、狭い領域でのテクニカルスキル、接客する場面での一対一のコミュニケーション力、品揃えや業務の改善をするための論理的な思考力などが求められます。

図表1-1｜能力的成長に関する三つのスキル

組織の階層	能力		
	テクニカルスキル（専門的知識・技能）	ヒューマンスキル（対人能力）	コンセプチュアルスキル（概念・分析的能力）
シニア・マネジャー	幅広い領域の技術的・業務的知識	部門調整力 交渉力	ビジネスモデルや戦略を創造する力
ミドル・マネジャー		集団管理力	市場の動きを見きわめる力
業務担当者	狭い領域の技術的・業務的な知識・技能	一対一のコミュニケーション力	論理的思考力

出所：Katz(1955)を基に著者が作成

しかし、店長のようにミドルクラスのマネジャーになると、生鮮食品、惣菜、飲料など幅広い業務知識が必要になりますし、多くの社員やパートを管理するヒューマンスキル、近隣の消費者動向やライバル店の動きなどを把握するためのコンセプチュアルスキルを持っていなければなりません。

さらに、本社の部長クラスになると、他部門と調整したり交渉する力がないと務まりません。また、消費者ニーズに合った新しい店舗の形態を考えたり、他社と差別化した戦略を立案するといった、より高度なコンセプチュアルスキルが要求されます。

このように、業務担当者→ミドル・マネジャー→シニア・マネジャーと組織の階層が上がるにつれて、異なるスキルを身につける必要があります。

これら三つのスキルの獲得を後押しするのが、第3章・第4章で検討する「経験から学ぶ力」です。

能力的成長に比べて、やや見えにくいのが精神的成長です。

精神的成長とは

精神的成長とは、仕事に対して適切な「思い」を持つようになることを指します。ここでいう「思い」とは、信念や価値観であり、「大事に思っていること、こだわっていること」です。

では「適切な思い」とは何でしょうか。自分のことだけでなく、他者のことも配慮できることが「適切な思い」を持つということです。

具体的には、自分の力を伸ばしたい、成果をあげたい、認められたいという「自分への思い」を持つと同時に、顧客に喜んでもらいたい、同僚を助けたい、社会に役立つ仕事をしたいという「他者への思い」を持つとき、人は精神的に成長したといえます。

この考え方の基礎となるのが「プロフェッショナルとはどうあるべきか」を探求するプロフェッショナリズム研究です。この研究によれば、普通の人には真似のできない高度な知識やスキルを持つと同時に、他者に奉仕することに意義を感じることが、プロフェッショナルの条件となります。[5] つまり、「自分への思い」と「他者への思い」を両方持っている人が真のプロフェッショナルといえるのです。

この「自分への思い」と「他者への思い」は、人間の基本的な動機づけであって、私たちの態度や行動を決定するものだといわれています。[6]

私はこれまで、さまざまなプロフェッショナル（ＩＴ技術者、営業担当者、医師、看護師、知的財産部門の担当者等）がどのように成長してきたかについて調査を実施してきましたが、そこでよく見られたのが、図表1-2のような思いの変化です。

若いうちは「認められたい、力をつけたい」という自分への思いが強いのに対し、他者への思いは弱いケースが多く見られます。しかし、経験を積むに従い、優れた人ほど、顧客や社会のために働きたいという「他者への思い」が強くなり、「自分への思い」と融合していく傾向にあります。

このように、仕事の思いが、自己中心的なものから、他者や社会とのつながりを意識したものに変化していくことを、本書では「精神的成長」と呼びます。

ここで、具体的なマネジャーの声を聞いてみましょう。あるコンサルティング会社のマネジャーは、次のように振り返っています。

「三〇代前半は自分がやりたいことや、自分のこだわりを中心に仕事を進めてきましたが、最近は相手の立場でものを考えたり、相手の意見を受け入れつつ自分の思いも出すという仕事の仕方に変わってきました」

また、多くの企業経営者の浮き沈みを見てきた人材会社のマネジャーも、次のように述べています。

「自分のことしか考えていない経営者の会社は一時的に成長しても、その後ダメになります。これに対し、成長し続ける会社の経営者は、自社の成長や自分の得だけを考えずに、親を大事にしたり、他者か

図表1-2｜成長と思いの変化

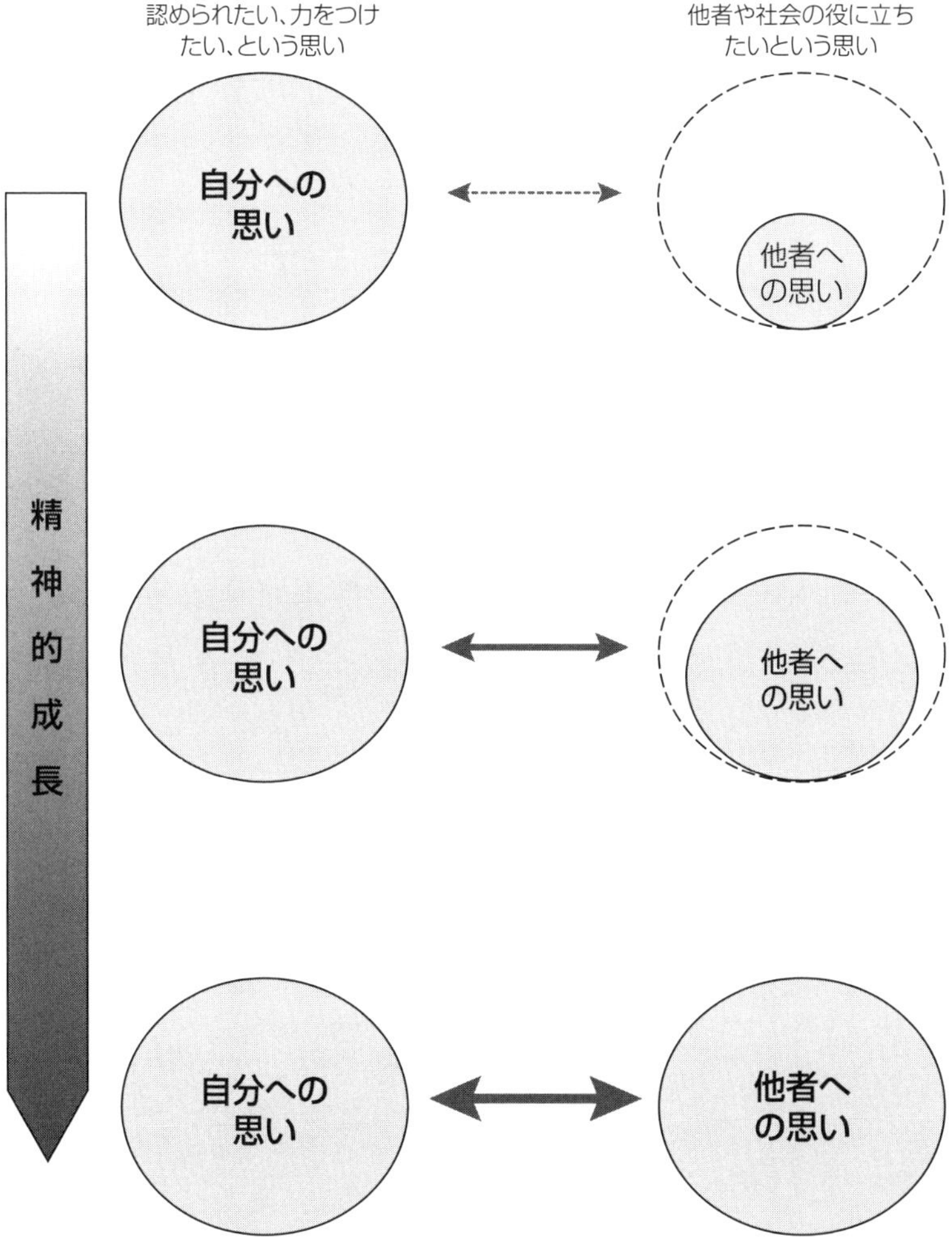

らの恩や感謝を忘れません」

経営者レベルにおいても、自分や自社への思いだけでなく、他者への思いを持つことで、個人的にも組織的にも成長できることがわかります。

ある段階までは自分への思いだけで成長できるのですが、成長し続けるためには、周囲や組織のことを考えられるか、顧客や社会のことを考えられるかが大切になるといえるでしょう。

一流の域に達するには、精神的成長が欠かせません。なぜなら、精神的成長が能力的成長を後押しし、強化するからです。つまり、精神的成長は、経験から学ぶ力の一部でもあるのです。この点については、第4章で詳しく説明します。

プレイヤーとしての成長、マネジャーとしての成長

ここで少し視点を変えて、組織における役割が変わると、成長のあり方がどのように変わるかについて考えてみたいと思います。

「名選手が必ずしも名監督になるとは限らない」とよく言われますが、これと同じことが組織における個人の成長についても当てはまります。

管理職になりたての三〇代半ばの人にインタビューするときに感じることですが、業務担当者時代の経験はイキイキと語ってくれるのに、部下のマネジメントについて語るときには、急に歯切れが悪くな

るケースが多く見られます。おそらく、マネジャーとしての仕事が、思うようにうまく回っていないからでしょう。

つまり、プレイヤーとして優秀な人でも、マネジャーとして優秀とは限らないのです。さらに、課長としては優れているけれども、部長になるとダメになる人もいます。

このように、プレイヤー→ミドル・マネジャー→シニア・マネジャーと組織の階段を上るときには、まったく別の世界が広がっていくといえるでしょう。

多くの管理職を育てた経験を持つ生命保険会社のある役員は、ミドル・マネジャーとシニア・マネジャーの違いについて、次のように話してくれました。

「営業マンを支援する営業所長（注：課長にあたる）と、支社全体を管理する支社長（注：部長にあたる）では、必要となる管理技術が異なります。営業所長から支社長になるのは、転職するようなものです。営業所長は直接、営業マンを支援しますが、支社長は営業所長を介して営業マンを支援しなければなりません。営業マンの仕事が、モノを直接手で右から左に移動させることだとしたら、営業所長の仕事はマジックハンドを使ってモノを動かすようなもので、支社長になると、マジックハンドを使ってマジックハンドを操作しているようなものです」

また、あるＩＴサービス企業の役員は、ミドル・マネジャー時代を次のように振り返っています。

「ミドル・マネジャーと違って、シニア・マネジャーになると事業を作る力があるかどうかが問われます。ミドルまではオペレーター、つまり与えられた業務を遂行する人でいいわけです。自分はミドル・マネジャーの頃、『君はスーパーオペレーターだけど、それだけじゃ上にいったときに通用しないよ』と言われました。シニア・マネジャーになると、人間力、総合力が求められます」

以上のことを踏まえると、図表1-3に示したように、組織では、プレイヤーとしての成長、ミドル・マネジャーとしての成長、シニア・マネジャーとしての成長というように、いくつかの異なる成長のハシゴが存在することがわかります。

ここでいうハシゴとは、序章で紹介した「初心者→見習い→一人前→中堅→熟達者」という成長の五段階モデルを意味しています。

マネジャーとしての成長を目指す人であれば、ミドル・マネジャーのハシゴ、シニア・マネジャーのハシゴを上らなければなりませんが、中にはスペシャリストとしての道を究める人もいます。

スペシャリストを目指す人は、自分の専門の領域を二つ三つと増やすなど、プレイヤーとしての階段を、さらなる高みに向かって上ることになります。ホフマンという研究者は、熟達者たちから尊敬される真の熟達者たちを「マスター（master）」と呼んでいますが、一つの領域に特化してマスターを目指すという道もあるのです。[7]

例えば、先ほど紹介した生命保険会社には、営業活動に専念し高い給与をもらうエグゼクティブ・ライフプランナーという人々がいます。この人たちは、役員のように個室を持ち、役員以上の収入を得る

図表1-3｜組織におけるさまざまな成長段階

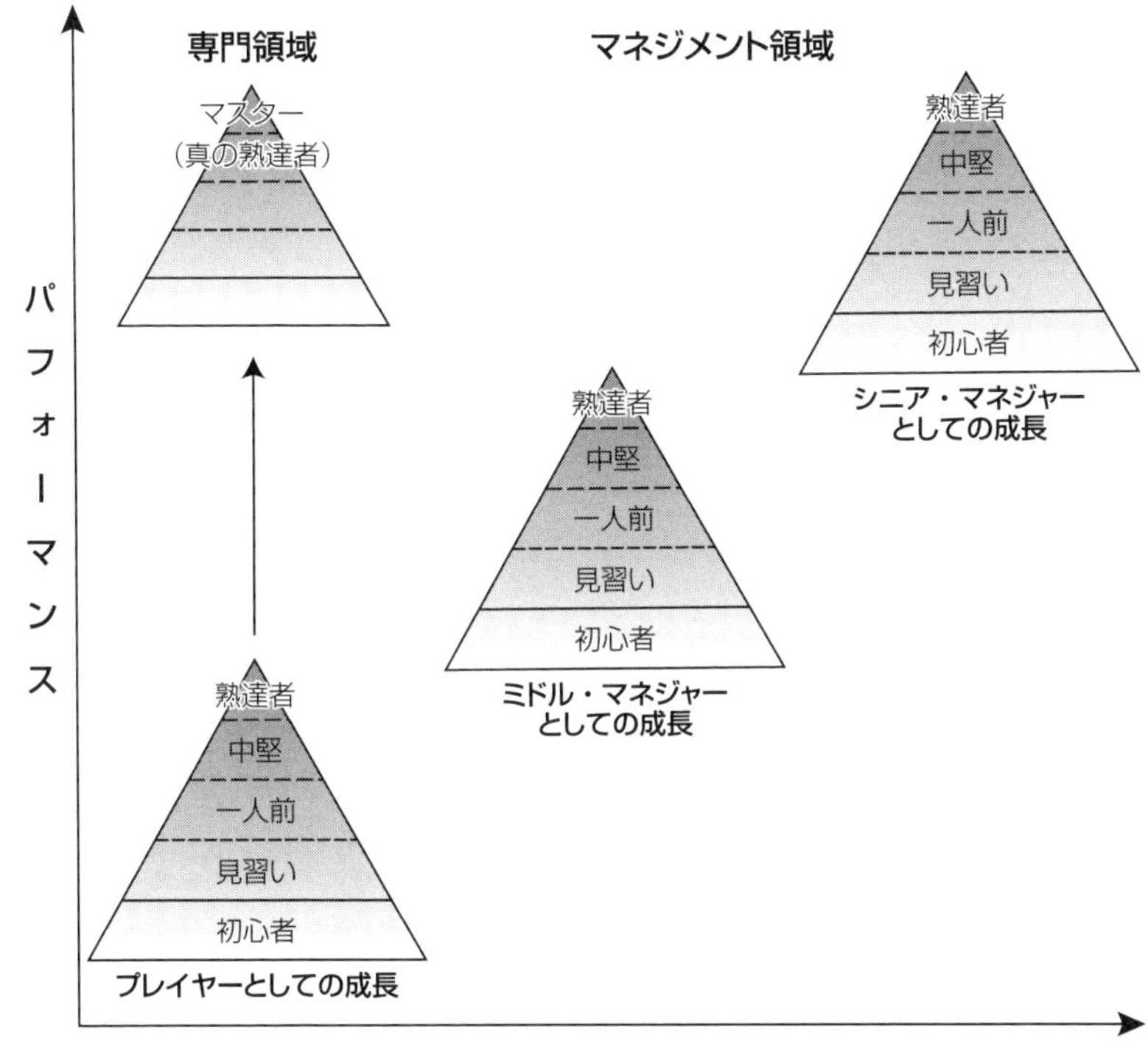

ことができる営業のスペシャリストです。エグゼクティブ・ライフプランナーは、保険に関する専門知識やコミュニケーション力を駆使して顧客と信頼関係を結び、豊かな人生を保証するといったような保険プランを提案できる力を徹底して磨きます。

　このように、組織にはプレイヤーやスペシャリストとして成長する道と、マネジャーとして成長する道があるのです。

時代に合わせた「学びほぐし」

　序章で指摘したように、あるレベルまで成長した三〇代以降に、成長が止まってしまう人がいます。

それは前述したように、昔のやり方に固執してしまうからなのですが、環境が変化しているのにもかかわらず、過去に成功した手法に頼り、それをさらに強化して対処しようとする性向を、経営学者のサルとホールダーは「能動的惰性」と呼んでいます。[8] 私たちは、どうしても慣れ親しんだ仕事のやり方に頼ってしまいがちですが、ここで必要になるのが「アンラーニング」という考え方です。

アンラーニングとは、組織学習の研究者であるヘドバーグによって提唱された概念で、時代遅れになった知識を捨てることを指します。[9] この考え方は、もともと組織学習の概念ですが、個人にも当てはめることができるでしょう。

哲学者の鶴見俊輔氏は、この「アンラーン」を「学びほぐし」と訳しています。[10] アンラーニングとは、一度固まった知識の塊をほぐし、必要のないものを捨て、知識を組み直す作業です。「リーダーは持論を構築すべき」と主張する神戸大学の金井壽宏教授も、「ただし、持論は常に改定し続けていないといけない」と注意しています。[11]

ここで、「学びほぐし」を理解してもらうために、日本将棋連盟会長であり、五〇歳で「名人」を獲得するという最年長記録を持つ米長邦雄氏の事例を紹介しましょう。[12]

数々のタイトルを獲得してきた米長氏ですが、四〇代半ばになるとスランプに陥り、二〇代の若い棋士に勝てなくなってしまったそうです。そのとき氏は、自分の敗因についてどう思うかと、ある若い棋士に尋ねたのです。その棋士は次のように答えました。

「先生と指すのは非常に楽です。先生は、この局面になったら、この形になったら、絶対逃さないという得意技、十八番をいくつも持っていますね。でも、こちらのほうも先生の十八番は全部調べて、対策を立てているんです」

では、どうすればいいのかという問いに対し、その若手はこうアドバイスしました。

「自分の得意技を捨てることです」

それを聞いた米長氏は二〇歳を過ぎたばかりの若手を「先生」と呼び、弟子入りします。その後、若手の新鮮な将棋感覚に触れることで、米長氏は、王将に返り咲くことができました。

自分の型を確立した後も、「固まりかけた自分」をもう一度壊し、さらなる成長を遂げることは至難の業です。成長し続けるためには「学びほぐす力」が必要になるのです。

一〇〇〇年間続いた古代ローマの歴史について書き続けている塩野七生氏は、環境変化の中で我々がいかに学ぶべきかについて次のように語っています。[13]

「大切なのはまず自分たちが置かれている状況を正確に把握した上で、次に現在のシステムのどこが現状に適合しなくなっているのかを見る。そうしていく中ではじめて『捨てるべきカード』と『残すべきカード』が見えてくるのではないかと、私は考えるのです」

こうした姿勢を持ち続けることができるのならば、私たちは生涯学び続けることができるのです。

これまで見てきたように、成長には、能力的成長と精神的成長があり、これら二つが絡み合いながら人は成長していきます。また、プレイヤー↓ミドル・マネジャー↓シニア・マネジャーと職位が上がると、別の成長のハシゴを上らなければなりません。そして、環境の変化に合わせながら、能力的な面だけでなく、精神的な面でも「学びほぐす」ことによって、マネジャーとして、またスペシャリストとして成長し続けることができます。

第1章のまとめ

本章では、「成長とは何か」について検討してきました。重要ポイントをまとめると、次のようになります。

□成長には、能力的成長と精神的成長がある

□プレイヤーとしての成長とマネジャーとしての成長は異なる

□成長し続けるためには「学びほぐし（アンラーン）」が必要になる

第2章

経験から学ぶ

「よく考えられた実践」が成長を促す

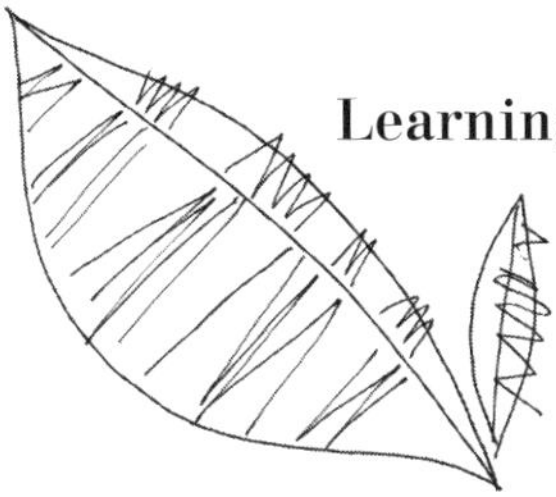

Learning from Experience

【本章のねらい】

人は「直接経験」と「間接経験」から学びます。経験を内省し、教訓を引き出して新しい状況に適用する「経験学習サイクル」の考え方を解説します。

70：20：10の法則

この比率は何を意味しているのでしょうか。

答えは、人の成長を決める要素の比率です。優れたマネジャーの経験を長年調査してきた米国の研究所によれば、成人における学びの七〇％は自分の仕事経験から、二〇％は他者の観察やアドバイスから、一〇％は本を読んだり研修を受けたりすることから得ていることがわかりました[14]（図表2-1）。

経験とは「人間と外部環境の相互作用」のことです[15]。そして、この経験は、自分が直接的に関わった「直接経験」と、他者を観察したり、アドバイスをもらったり、本を読んだりという「間接経験」に分かれます[16]。

成長という観点から考えると、直接経験から学ぶことが七〇％を占めています。アインシュタインも「何かを学ぶためには、自分で体験する以上に良い方法はない」という言葉を残していますが[17]、直接経験が成長の大きな源泉であることは間違いないでしょう。

しかし、他者から学ぶ間接経験を軽視することはできません。なぜなら、自分で経験できることは限られているからです。友人・知人の体験や、本に書かれている歴史上の人物の生きざまは、私たちが経

図表2-1｜マネジャーの成長を決める経験

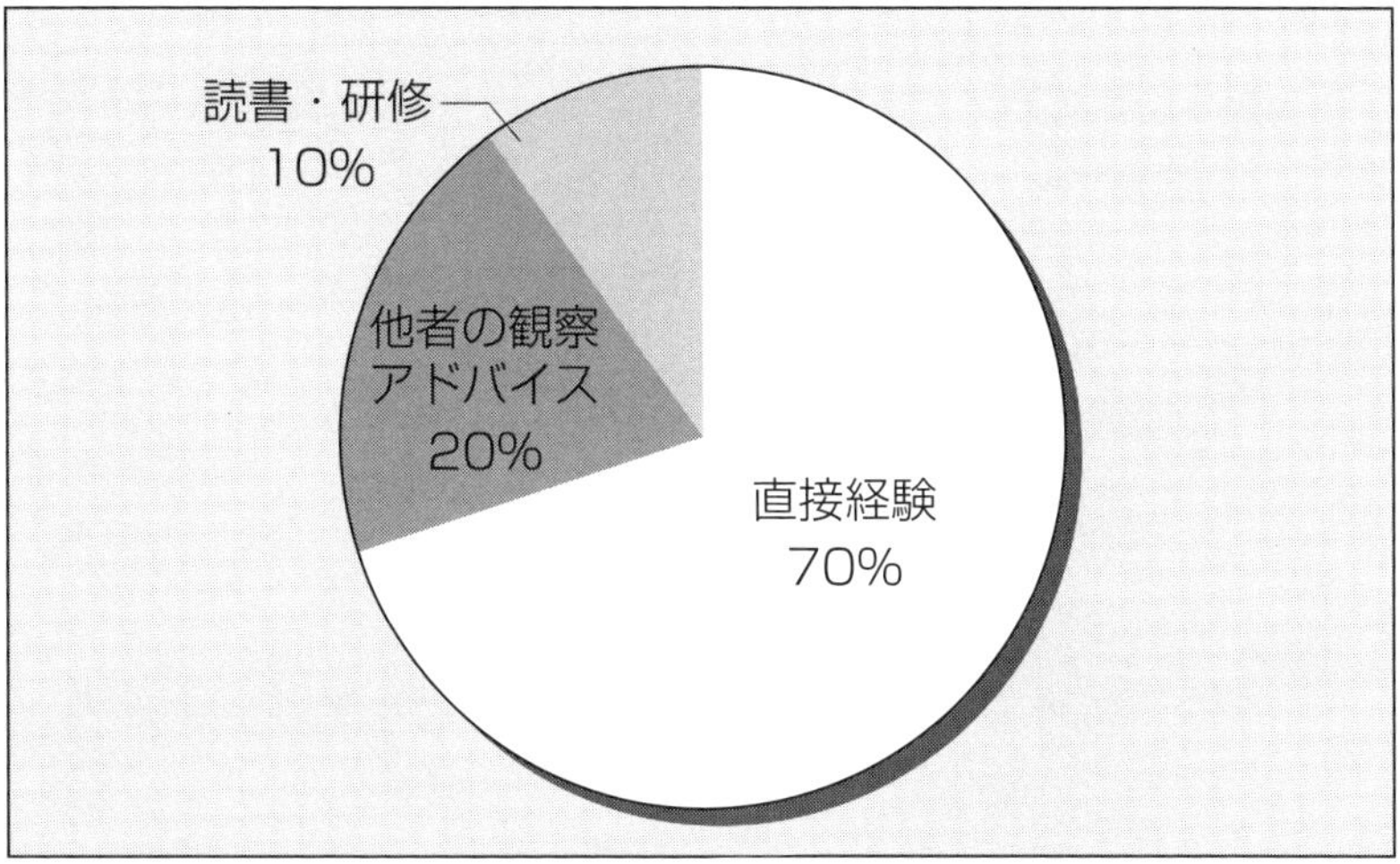

出所：Lombardo & Eichinger (2010)

験できない広い世界の情報を提供してくれます。

こうした他者の経験は、「自分の経験にはどんな意味があるのか」、「今回の経験から何を学ぶべきか」など、私たちが直接経験を振り返り、意味を考える上で貴重な情報となるのです。

一皮むけた経験

成長の大半は直接経験によって決まりますが、いったいどのような経験をきっかけとして成長するのでしょうか。

前出した神戸大学の金井壽宏教授は、個人が大きく成長するきっかけとなった経験を、「一皮むけた経験」と呼んでいます。[18]

図表2-2は、米国や日本の調査をもとに、マネジャーの成長を促す経験をまとめたものです。[19]これによれば、米国や日本の管理職が成長したきっかけとなったのは、その人にとって新規性の高

図表2-2｜マネジャーの成長を促す経験

初期の仕事経験
人事異動にともなう不慣れな仕事
はじめての管理職
海外勤務経験
ゼロからスタートした経験
事業の立て直し、立ち上げ
ビジネス上の失敗、キャリア上の挫折 難易度の高い職務、過重な職務
幅広いビジネスの管理
上司から学んだ経験
できない部下、扱いにくい上司

出所：金井 (2002), McCall et al. (1988), McCall (1998)
谷口 (2009) を基に作成

い仕事をしたことです。

新規性の高い仕事とは、会社に入ってはじめて就いた仕事、異動にともなう不慣れな仕事、はじめて部下を持った経験、文化の違う海外に勤務した経験のように、自分がこれまで経験したことがなかった仕事をいいます。

さらに、つぶれそうな事業の立て直し、事業の新規立ち上げ、幅広いビジネスの管理など、高いレベルの知識やスキルが要求される仕事も含まれています。

なぜ新規性の高い仕事をすると成長するのでしょうか。その理由はシンプルです。自分がやったことがない仕事をこなすためには、今まで持っていなかった知識やスキルを獲得しなければならないからです。

逆に言うと、自分が慣れ親しんだ仕事や、自分ができることばかりを繰り返していても、成長は期待できません。

ただし、先ほども指摘したように、人は自分の力だけで学んでいるわけではないという点に注意する必要があります。異動したり、事業を立ち上げたり、プロジェクトに参加するとき、そこには必ず他者がいます。職場の同僚や先輩・上司から聞いた経験談や、経験に基づいたアドバイスは、人が何かを成し遂げるときの助けになっているはずです。

図表2-2のもとになった調査では、過去を思い出してもらう形でデータを収集しているため、そうした他者の影響が見えにくくなっているといえるでしょう。

コラム　守・破・離の考え方

人は自分の経験だけから学んでいくわけではありません。上司や先輩のアドバイス、本に書かれている先人の経験や歴史は、私たちの経験を方向づけたり、経験の意味を考える上で大切な役割を果たします。

さまざまな人材を見てきた経験を持つ、人材会社の経営者は、伸びる若手の特徴を語ってくれました。

「伸びる若手は、素直に先達の経験知をしっかり学ぶことができる人です。八割方の管理職は間違ったことは言いません。相手の言いたいことの本質を理解し『こういうことですよね』と丁寧にコミュニケーションしながら仕事をする人は成長します。新入社員や若手は山でいうと一合目か二合目しか知らない。先輩は七合目、八合目を知っています。だから先輩や上司の言うことをしっかり聞いて学ぶことが大切なんです。一番ダメなのは、自分の間違った仮説をもとに一合目や二合目をうろうろしている若手ですね。こういう人は伸びない。まず五年間はしっかりと型を作ることです」

このコメントから、成長のためには、先人の知恵を吸収することの大切さがわかります。ただし、漫然と他者の言うことを聞くだけでは十分ではありません。ポイントになるのは、他者を模倣しながらも「疑問を持ち、自分で考える」姿勢です。他者のアドバイスの「本質は何か」を考え、自分の状況に合うように工夫したり、アレンジするとき、他者から多くのことを吸収することができます。

さらに、他者の態度や行動を観察する力も重要です。心理学者のバンデューラは、他者を観察し、それを模倣することで知識やスキルを獲得することを総称して「社会的学習」と読んでいます。[20]

優れた人の経験から生み出されたものを自分の中に取り込み、試行錯誤する中から自分らしい独創的な仕事が生まれます。この考え方は、日本の古典芸能を学ぶ際に重視される「守・破・離」の考え方と同じです。

守とは、先人が積み重ねてきた型を模倣し、習得すること。破とは、自分なりの工夫を重ねる努力をすること。離とは、自分独自の技術を生み出すことです。つまり、他者の経験である間接経験をうまく取り込みながら、直接経験を積むことで人は成長できるのです。

自ら経験を創り出す

事業の立て直し、プロジェクト、海外勤務といった仕事は、皆が経験できるわけではありません。そうした機会に恵まれない場合はどうしたらいいのでしょうか。

経験には、他者から与えられるものと、自分で創り出すもの、という二つの側面があります。一見地味なルーチンワークに思えるような仕事も、一皮むける経験に変えることができます。

ある出版社のマネジャーは、自ら経験を創り出した若手の話を聞かせてくれました。

「私の会社に、二五、六歳で中途入社した若手社員がいました。彼に与えられたのは、書籍の売上を集計するデータ入力作業でした。営業データをパソコンに入力するとても地味な仕事です。半年くらいいたった頃、彼は『売れている本には○○という傾向があります。入力のフォーマットを○○のように変えると、マーケットの傾向がよりわかります』と言い出したんですね。実際に、フォーマットを変えてデータを分析してみると、マーケティング戦略やコスト管理に生かせることがわかりました。それから彼には『入力データを加工して、戦略に生かせるように工夫する仕事』が与えられました。仕事のレベルがワンランクアップしたわけです。そういう姿勢で仕事をするものですから、部長や局長も『マーケティング戦略を提案してみろ』、『宣伝計画とコストの関係性について分析してくれ』という仕事を彼に依頼するようになりました」

この事例にあるように、一見つまらなそうな仕事の中にも宝が埋まっています。その宝を掘り起こして、良質な経験に変えることができるかどうかは、仕事をどのように意味づけるかにかかっています。今、自分が手がけている仕事を良質なものに転換して、そこで成果をあげることにより、他者からも良質な経験が与えられるようになります。この好循環に入るために必要なのが「経験から学ぶ力」なのです。

しかし、なかなか自分の仕事に埋まっている宝を見つけることはできません。実際には逆のケースが多く見られます。ある大手電機メーカーのマネジャーの声を聞いてみましょう。

「私の会社では、優秀な大学を卒業した人、いわゆるエリート新入社員を経営企画部に配属し、そこで、グローバルな売上データの集計をさせています。しかし、それは膨大なデータではありますが、基本的には単純作業なので『自分はこんな仕事をするために入社したわけではない』と不満を抱き辞めてしまう若手が多いのです。私たちは、経験上、自分の手で市場データを扱うことは、その後の経営計画を立てる上でも大切なことを知っています。しかし、その話を若手にしても、なかなか伝わらないのです」

経験には、他者から与えられる側面と、自ら創り出す側面がありますが、どうしても「経験は与えられるもの」という考えが抜けない人が多いのです。出版社の例にもあったように、経験を自分で創り出すことで、他者から良質な経験を与えられるようになり、人は成長することもあります。

二〇〇五年に「現代の名工」となり、二〇〇七年にはミシュランガイド東京で三ツ星に選ばれた寿司店「すきやばし次郎」の店主・小野二郎氏は、次のように述べています。

「『次は何をやらせてもらえるのかな』と、上から言いつけられるのをただぼうっと待っていてはダメです。仕事というものは、自分から喰らいついていかなければ、身にならないんです。（中略）自分からやることを探して、自分で技を磨き、率先して勉強しなければ、絶対に仕事は上達しませんよ[21]」

小野氏の言葉からも、経験を自らつかみ取ることの大切さが伝わってきます。

経験学習のサイクル

では、人はどのように経験から学んでいるのでしょうか。

コルブという研究者は、図表2-3に示すような経験学習サイクルを提唱しています。本書では、わかりやすくするために、オリジナルのモデルの用語を多少修正しています。[22]

このモデルによると、人は、

①「具体的経験」をした後、
②その内容を「内省し（振り返り）」
③そこから「教訓」を引き出して
④その教訓を「新しい状況に適用する」ことで、

学んでいるのです。

例えば、職場の会議でプレゼンしたけれどもうまく内容を伝えられなかったという経験（具体的経験）をした若手がいたとします。この若手は、家に帰った後に「なぜ失敗したか」を振り返り（内省）、「相手の立場になって資料を作っていなかったからだ」ということを悟ります（教訓の引き出し）。そして、この教訓を生かして、次の会議ではうまくプレゼンすることができました（新しい状況への適用）。

こうしたサイクルを回すことで、人は経験から学んでいます。ここで大事なことは、「振り返り」と「教訓の引き出し」です。単なる経験のしっぱなしでは、何も得ることができません。

英国ロイヤルバレエ団でプリンシパルを務めた世界的なバレリーナである吉田都さんは、公演が終わ

図表2-3｜経験学習サイクル

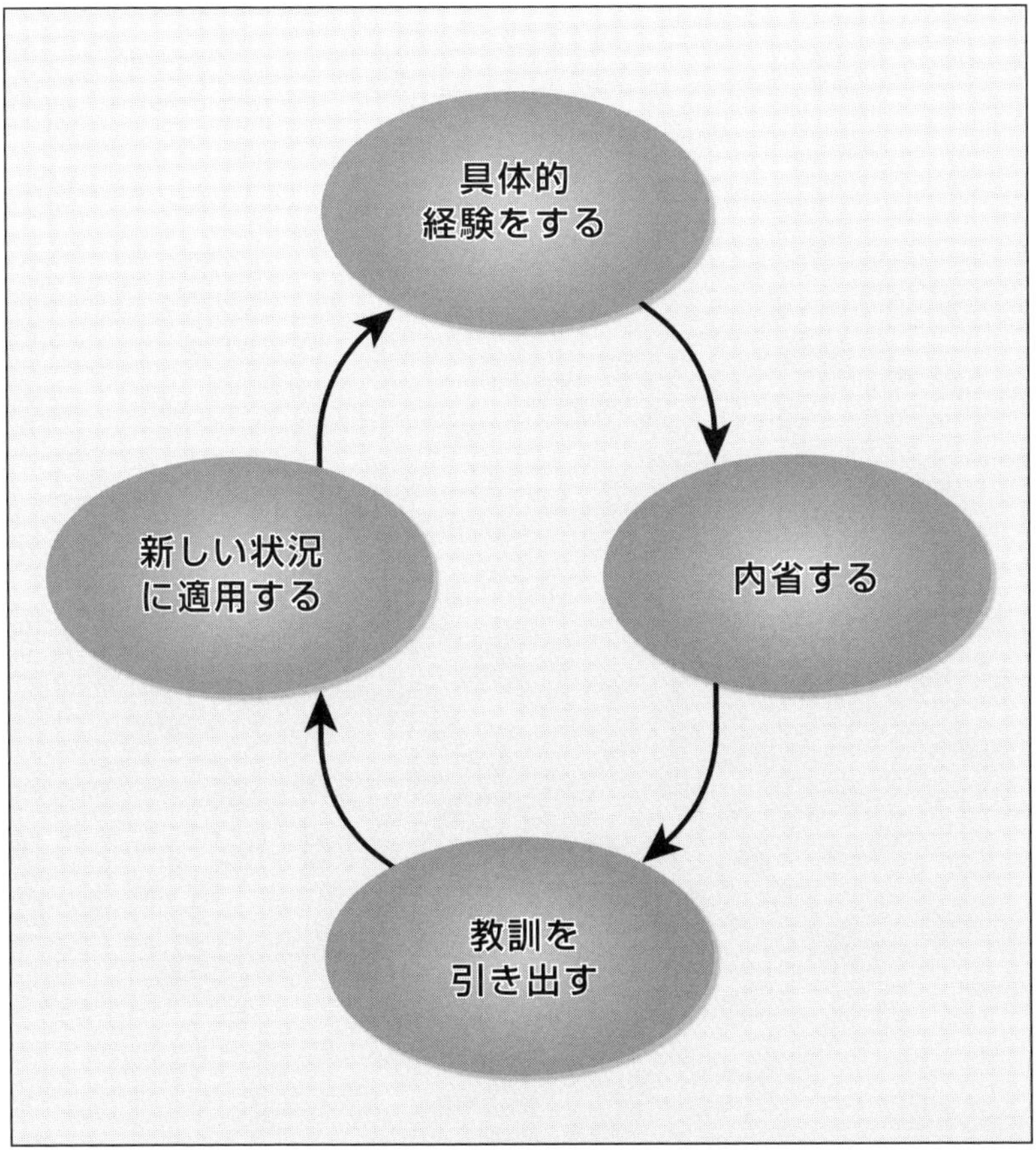

出所：コルブ(Kolb, 1984)のモデルを著者が修正

った後、舞台のはじめから最後まで、自分の踊りを振り返るそうです。吉田さんは次のように語っています。

「一幕の最初の出から最後まで、ステップを一つずつすべて通します。『あそこはああだったな』、『今度はこうしよう』などと本当にいろいろなことを考えながら、頭の中で全幕をやります。（中略）全体の表現だったり、ちょっとした角度だったり…。また、体の向きが客席に対してどうだったらよかったのか、といったことも考えます[23]」

同様に、スポーツ選手の中にも、毎日練習ノートをつけることで、経験学習サイクルを回し、一流に到達している人がいます。

これは、企業人でも同じです。ある営業会社の経営者が、数十人のトップ営業マンに集中的にインタビューしたところ、彼らが自分の営業活動をしっかりと振り返っていることがわかったそうです[24]。それによると、例えば「今日はたまたま商談がまとまったけれども、プレゼンテーションのあの部分はちょっと失敗だったかな」という具体的なレベルで自分の行動を振り返り、それに基づいて、足りないスキルを補い、プレゼンのリハーサルをするなど、すぐに何らかの対処をするのがトップ営業マンの特徴でした。

逆に売れない営業マンは、「売れた、売れない」といった結果だけにとらわれ、喜んだり落ち込んだりしています。

つまり、高い業績を上げる営業マンは、「経験する→内省する→教訓を引き出す→新しい状況に適用する」という経験学習サイクルを回してるのです。ちなみに、ここでいう経験は、自分自身が体験する直接経験と、他者を観察したり、アドバイスを受けたりする間接経験の両方を含みます。

「よく考えられた実践」でサイクルを回す

経験学習サイクルの図を見たとき「そんなことなら、自分は毎日やっている」と感じた人がいるかもしれません。実は、単に「経験学習サイクル」を回すだけでは十分ではありません。

熟達を研究するエリクソンらは、個人を成長させる練習や仕事のやり方を「よく考えられた実践(deliberate practice)」と呼び、次の三つの条件を挙げています。[25]

①課題が適度に難しく、明確であること
②実行した結果についてフィードバックがあること
③誤りを修正する機会があること

つまり、①難しいけれど、懸命に手を伸ばせば届きそうな目標を持ち、②実施した結果、どこが良くて、どこが悪かったかについての情報を得ることができ、③それを次の機会に生かすことができるような練習や仕事のやり方をしている人は、成長することができる、という考え方です。

みなさんの仕事を考えるとき、これら三つの条件がどの程度満たされているでしょうか。よく聞くのは次のような状況です。

①確実にできる課題、漠然とした課題に取り組んでいる
②仕事の成果があいまいである
③過去の失敗を今の仕事に生かしていない

このような状況で仕事をしていると、経験から学ぶことはなかなかできません。
元ラグビー日本代表監督で、現在、神戸製鋼ラグビー部の総監督を務める平尾誠二氏は、コーチのアドバイスのあり方について次のように述べています。

「ぼくは、コーチのアドバイスには三つのポイントがあると思っています。
一つめは、教えることを一つか二つにしぼり、できるだけ簡略化して伝える。
二つめは、頑張ったらできることしか言わない。
三つめは、それができたら状況が激変したことを、必ず本人が実感できる[26]」

平尾氏のコーチングは、まさに「よく考えられた実践」を作り上げているといえます。頑張ったらできることとは、適度に難しい課題であり、教えることを一つか二つに絞ることで課題を明確にしていま

図表2-4｜経験学習サイクルとよく考えられた実践

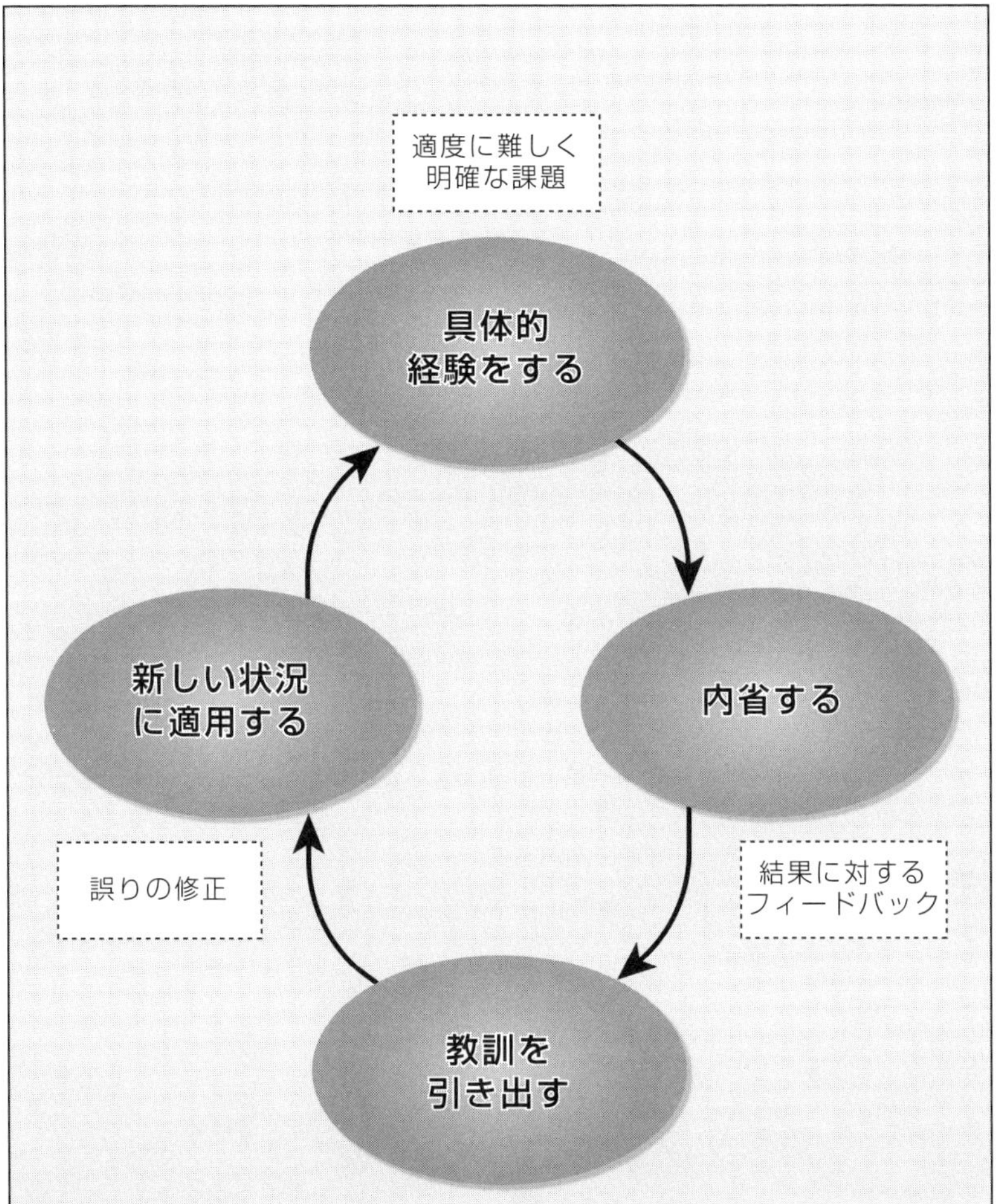

す。そして、自分のやり方を変えると状況が一変するという経験は、フィードバックが明確で、かつ誤りを修正する機会があることを示しています。

このような「よく考えられた実践」を、先ほど紹介したコルブの経験学習サイクルと重ね合わせてみましょう（図表2-4）。

「適度に難しく明確な経験を積み」、「結果に対するフィードバックを得ながら内省し」、「そこで得た教訓を次の機会に試してみる」とき、人は成長することができるのです。

経験学習サイクルを漫然と回すのではなく、「適度に難しい課題に取り組んでいるか」、「フィードバックを得ているか」、「教訓を活用する機会を持っているか」という三点を意識しながら経験するとき、経験学習の質が高くなるといえるでしょう。

「普段から経験学習サイクルは回している」と思っている人も、これら三つの条件が揃っている人はなかなかいないのではないでしょうか。

優れたスポーツ選手や音楽家は、「よく考えられた実践」を意識しながら経験学習サイクルを回しているからこそ、高い技術レベルに到達しているのです。

コラム　学びにくくなっている日本の職場

経験から学ぶ力が大切になる理由の一つとして、多くの日本の企業において、良質な経験が減っていることが挙げられます。

企業人にインタビューすると、次のような声をよく聞きます。

「小さくとも全体が見渡せるような仕事が減った」
「失敗を恐れず、のびのびと挑戦できるような仕事がなかなかない」
「短期的な成果ばかりが求められ、長い目で見ることができなくなった」

ある企業のコンサルタントは、次のように語っています。

「私は、これまでお客様とともに作り上げ、ゼロからの経験でスキルを習得してきました。しかし、今の人たちは、ゼロから作った経験が少ない」

つまり、以前は、今まで誰も手がけたことがなかったようなプロジェクトを顧客とともに実行する機会があったのに対し、現在は、そのような仕事が減っているということです。

また、IT企業のプロジェクト・マネジャーは、次のようにコメントしています。

「昔は、失敗する中でいろいろな経験をして学習し、ブラッシュアップするというプロセスをたどれたが、最近はそうはいかないところもある。今は、促成栽培をしていかなければならない」

失敗による学習が難しくなった背景には、競争が激化し、顧客の要望が厳しくなったり、プロジェクトが大規模化したことで失敗のリスクが増大したことが関係しています。

また、大規模プロジェクトが増えると、中堅・若手社員の仕事の多くが、部分的・断片的になり、全体像が把握できる仕事を任されることが少なくなっているという事情もあります。

さらに、人材を早期育成しなければならないというプレッシャーから、管理する側も学習する側も、じっくりと経験を積むことで実力をつけることが難しくなりつつあります。

経験から学びにくくなっている現代だからこそ、自ら経験を創り出し、意識して経験から学びとる力を高める必要があります。

第2章のまとめ

本章では、人は経験からいかに学ぶのかについて説明してきました。主なポイントは次のようにまとめることができます。

□人は、直接経験と間接経験から学んでいる

□経験は与えられる側面と、自ら創り出す側面がある

□人は、経験学習サイクルを回すことで学んでいる

□よく考えられた実践は、経験学習サイクルを活性化させる

第3章

経験から学ぶための三つの力

挑戦し、振り返り、楽しむための方略

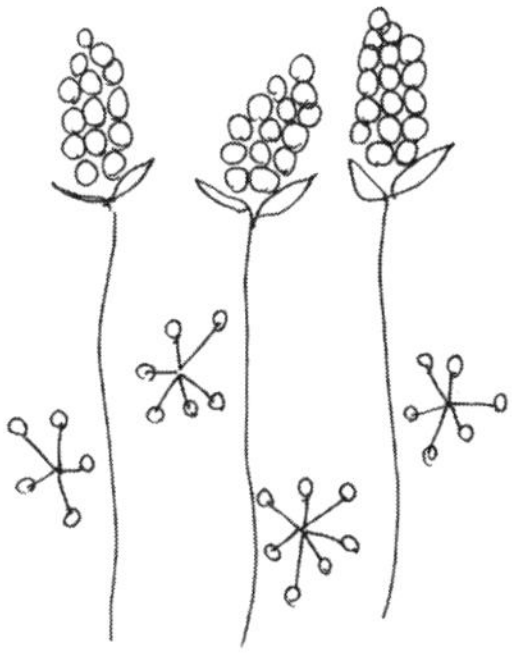

Learning from Experience

【本章のねらい】

経験学習の具体論として、「ストレッチ、リフレクション、エンジョイメント」という三つの力の働きについて解説します。この三つは、互いにつながり、循環するものです。

根っこを育てる

ここで、経験から学ぶ力をイメージしてもらうために、ひとつのたとえ話をしたいと思います。

みなさんは永田農法と呼ばれる農法をご存じでしょうか。永田農法とは、スパルタ農法とも呼ばれ、水や肥料を最小限しか与えないことで、植物が持っている自ら成長する力を引き出す農法です。この農法で育てられたトマトは、実がぎっしりつまって果実のような甘みがあります。この農法を編み出した永田照喜治氏は、農業を人材育成にたとえて、次のように語っています。

「私の農法が『スパルタ農法』、『断食農法』と呼ばれるのは植物を甘やかさないからです。人間でもそうですが、満腹だとなまけものになります。植物もたっぷりの水と肥料とを与えられて育つと、まず根っこが十分に働かなくなります。（中略）…私の農法のものは白くてふわふわの細かい根っこが地上近くにびっしりできます。（中略）…これが美味しさの秘密なのです。ぎりぎりの生育環境で養分や水分を十分に吸収するために、植物が持つ、本来の生命力を取り戻したのです[27]」

永田氏がいう「甘やかさない」とは、「与えすぎない」ということです。人間の場合でも、情報を与えすぎたり、何から何まで教えすぎると、自分で考える力が低下してしまいます。植物でも人間でも、自分で育つ力を養うことが大切になります。

このコメントの中で注目したいことは、養分や水分を吸収する力の源である「根っこ」です。人間の、経験から学ぶ力は、この「根っこ」にあたるでしょう。

経験は自分でコントロールすることが難しいものです。どの部署に配置されるか、どんな顧客を担当するのか、どのような上司や同僚と働くことになるのかは、偶然決まることが多いからです。

キャリアの研究者であるクランボルツらは、どのような経験をするかは偶然によって左右されるけれど、その偶然を学習の機会として活用できるかどうかは、仕事に対する姿勢によって決まる、と主張しています。[28]

この仕事に対する姿勢や構えこそ、経験から学ぶ力の源泉です。

本章では、経験から学ぶための「根っこ」となる「ストレッチ、リフレクション、エンジョイメント」という三つの力の働きについて考えます。

経験から学ぶ力の三要素

本論に入る前に、三つの要素について簡単に説明しておきましょう（図表3-1）。

まず、ストレッチとは、問題意識を持って、挑戦的で新規性のある課題に取り組む姿勢のことです。挑戦的で新規性のある仕事に取り組むと、自分が持っていなかった新しい知識やスキルが必要になります。逆に、ストレッチしない人、言い換えると、できることばかりに取り組んでいる人は、新しい知識やスキルを身につける必要がないため、あまり成長できません。

図表3-1 | 経験から学ぶ力の三要素

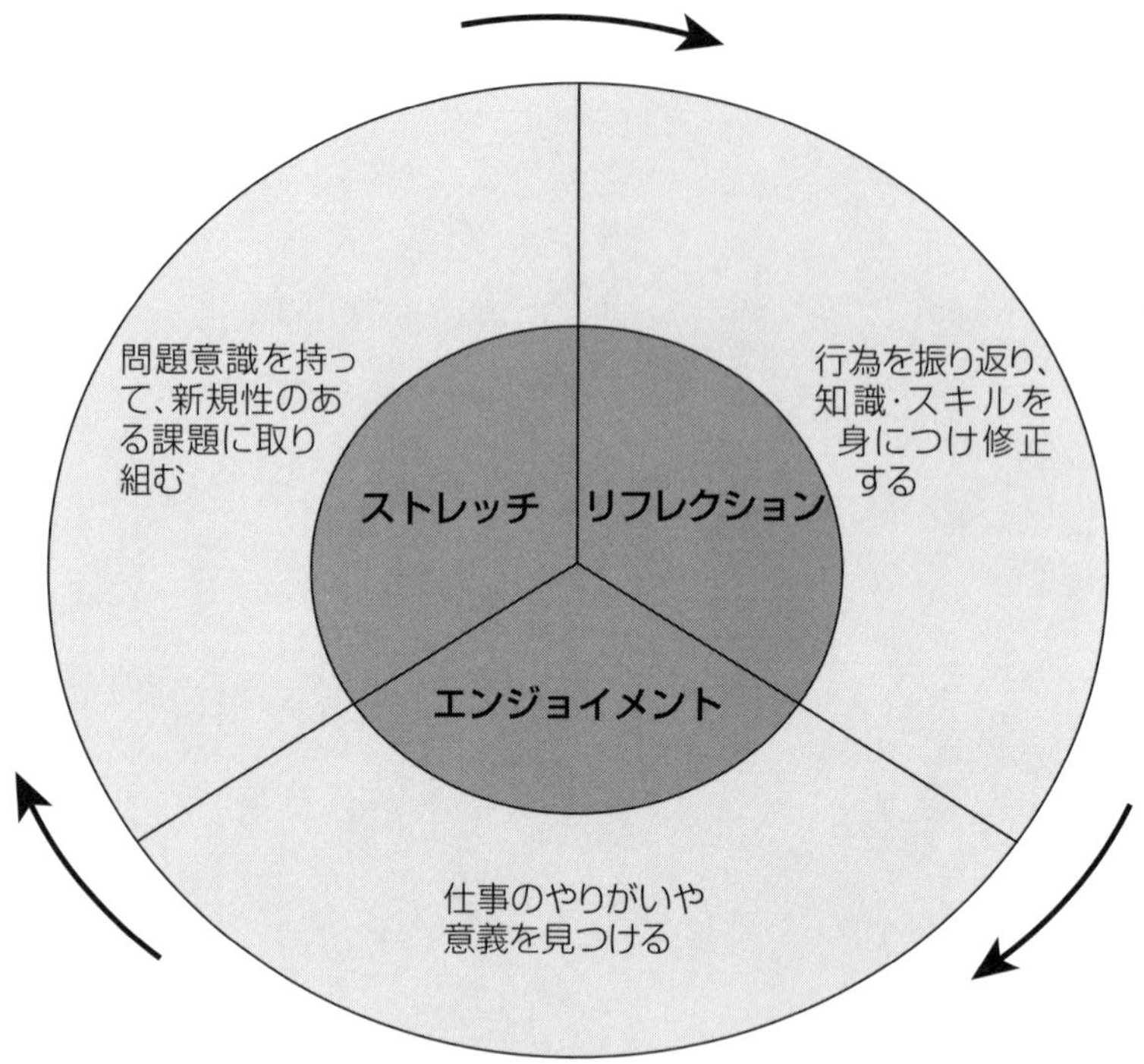

次にリフレクションですが、これは、行為の後に内省するだけでなく、行為をしている最中に内省することが含まれています。つまり、一日の終わりやプロジェクト終了後に、成功や失敗を振り返ることで、教訓を引き出すとともに、仕事をしている最中に「問題の本質は何か」「この方法でよいのだろうか」と試行錯誤を繰り返すこともリフレクションに含まれています。このリフレクションによって、人は、新しい知識やスキルを記憶の中に刻みこむのです。

　せっかく良い経験をしても、その意味を深く考えなかったり、成功や失敗の原因を振り返らないと、そこから十分な教訓を得ることはできません。

そして、エンジョイメントとは、自分の取り組む仕事にやりがいや意義を見つける姿勢を指しています。エンジョイメントというと単に仕事を楽しんでいるというイメージがあるかもしれませんが、ここでいうエンジョイメントは、常にプラス思考で、一見つまらない仕事、きつい仕事の中に意義や面白さを見いだそうとする姿勢を指しています。

このモデルの特徴は、各要素が互いにつながりあい、循環する点です。すなわち、挑戦的な仕事に取り組むほど（ストレッチ）、仕事中の試行錯誤や仕事の後の振り返りから引き出される教訓の質は高くなり（リフレクション）、その結果として感じるやりがいや意義は大きくなります（エンジョイメント）。そして、仕事にやりがいや面白さを感じれば、より挑戦的な仕事に取り組もうという気持ちも強くなります（ストレッチ）。

しかし、「どのように挑戦し、振り返り、楽しめばいいのか。その具体的な方法がわからない」という人もいるでしょう。本章では、企業のマネジャーに対して実施したインタビュー調査によって、これら三つの力が、どのような方略によって支えられているのかを明らかにします。

ここでいう方略とは、目的を達成するために用いられる方法・手法・方策を指します。例えば、ストレッチのための方略とは、高い目標にチャレンジするための方法や方策を意味します。

◆調査方法

経験から学ぶ力が、具体的にどのような方略によって構成されているかを明らかにするために、優れた業績をあげているマネジャーと人材育成において実績のあるマネジャー（三四名）、および人材育成に関する研究者（三名）に対し、インタビュー調査を行いました。

多くのマネジャーは大手企業に勤めていますが、中堅企業のマネジャーや、ベンチャー企業の経営者も含まれています。マネジャーが所属する組織は、電機メーカー、製薬メーカー、日用品メーカー、建材メーカー、玩具メーカー、建設会社、人材会社、コンサルティング会社、監査法人、シンクタンク、食品スーパー、生命保険会社、出版社、財団法人、病院と多岐にわたっています。

インタビューでは、「成長している人は、どのような姿勢・態度・考え方で仕事に取り組んでいるか」、「自分の経験の中で、モデルと当てはまる具体的な事例はないか」という点について自由に語ってもらいました。

インタビュー・データは、「グラウンデッド・セオリー・アプローチ[29]」と呼ばれる、データから理論を生み出すことを目指す研究手法を参考にして分析しています[30]。

まず、インタビュー・データから、経験から学ぶ方略に関する記述を取り出し、次に各データを比較しながら、内容の類似性に基づいて方略に関するカテゴリーを抽出しました。

このとき、これまでに実施した類似調査（「ＯＪＴ指導者・インタビュー調査（対象者一八名）」、「育て上手の課長・インタビュー調査（対象者三二名）」）のデータとも比較しながら分析を行いました。

なお、本章および次章では、二次資料（新聞・雑誌記事・書籍）に掲載されていた事例を、補足的に紹介しています。

それでは、経験から学ぶための三つの力について見ていきましょう。

ストレッチ系の学ぶ力

なぜストレッチが必要か

ここでいうストレッチとは、問題意識を持って高い目標や新たな課題に取り組む姿勢のことです。なぜ成長のためにストレッチが必要なのでしょうか。

それは、自分が今まで経験したことがない新規性のある課題や困難な課題に取り組むと、自分が持っていなかった知識やスキルを獲得せざるを得ないからです[31]。

マネジャーの成長を促すストレッチ経験には、人事異動にともなう不慣れな仕事の経験、はじめての管理職、海外勤務経験などの新規性の高い仕事、および事業の立て直し、幅広いビジネスの管理、できない部下への対処といった困難な課題などがあります。

あるプロフェッショナル・ファームに勤めるマネジャーは、三〇代の半ばで米国駐在を経験したときのことを次のように振り返っています。

「三五歳のときから四年半、自ら手を挙げて米国に赴任しました。日系企業が米国に進出ラッシュしていた時期で、現地では、監査だけでなく税務やコンサルティングも行わなければなりませんでした。海外だと会計の取扱いや税法が異なるのに加えて、クライアントにはインフラ等のアドバイスもしなくてはいけない。それまでの会計業務とは別の仕事が増えました。また、クライアントの担当者も、日本では経理部で会計のことをある程度わかっている人が多かったのですが、米国では経理以外の担当者なので、こちらを専門家扱いしないわけです。このため、折衝能力も鍛えられたように思います」

このマネジャーが海外赴任に手を挙げたのは、入社から九年近くたち国内業務に慣れが生じてきたことに対する危機感がきっかけだそうです。つまり、自分の成長が止まりそうになったと感じて、海外に飛び出し、自分が持っていなかった知識やスキルを習得したのです。

これまでの研究、およびマネジャーへのインタビュー調査から浮かび上がってきたストレッチ方略（高い目標にチャレンジするための方策）は、図表3-2に示した三点です。

ストレッチ系の学ぶ力を高めるためにマネジャーたちは、まず「下積み経験によって挑戦のための土台を作り」、「目の前の仕事をしっかりこなし、周囲の信頼を得てストレッチ経験を呼び込み」、「できることをテコに挑戦して、徐々に苦手なことやできないことを克服する」という方略をとっていました。

ここで気づくのは、優れたマネジャーたちは、自分で目標を高めてストレッチ経験（挑戦的経験）を作り出すと同時に、他者からストレッチ経験を提供してもらうような状況を作っているということです。つまり、挑戦的な課題に取り組むことには、自分でコントロールできる部分と、できない部分があり、コントロールできない部分については、他者からチャンスを得られるような準備作業をしているのです。

図表3-2｜ストレッチの方略

方略1	挑戦するための土台を作る
方略2	周囲の信頼を得てストレッチ経験を呼び込む
方略3	できることをテコにして挑戦を広げる

これら一つ一つについて見ていきましょう。

方略1 挑戦するための土台を作る

優れたマネジャーの特徴の一つは、二〇代後半から三〇代半ばにかけて本格的なストレッチ経験を積んでいる人が多かったということです。つまり、二〇代の頃は、地道な業務を積み重ねて挑戦のための土台を作り、三〇歳前後に訪れる挑戦のチャンスを逃さないというパターンが見られました。

現在、外資系企業の社長を務めるマネジャーは、重工業メーカーの造船部門に入社したときの経験を語ってくれました。

「入社して船舶の流体設計部門に入ったのですが、はじめは手書きによる図面書きで、船体形状のデコボコを平準化するフェアリングという作業をやらされました。まだCADが出ていない頃のことなので一本一本の縦横の線をつないでワイヤーフレームの図面を立体化していくのですが、これは退屈な作業です。一年間はまったく面白くありませんでした。しかし、三年間この作業をすることによって、徐々に船体周りの水の流れが見えてくるようになり、実践と理論がつながりました。一見無駄に見える作業でも、徹底してやらないと感覚が身につかず、応用が利かなくなってしまいます。その後も、技術計算書でひたすら計算をすることになるのですが、この作業を積み重ねていくと、徐々に数字の意味や計算の流れが肌感覚としてわかるようになります。この経験は、その後マネジャーとなり、状況を把握したり、全体の方向性をファシリテートする際にとても役に立ちました」

このケースで注目したいのは、下積み経験によって、仕事の「感覚」を身につけていることです。頭で理解するだけでなく、身体でわかる感覚を身につける経験は、後に、マネジメントシステム審査の業務に携わる際の基盤となっているようです。実はこのマネジャーは、入社二年目に転職を考えましたが、中途半端なキャリアになることを恐れて、踏みとどまったという経験を持っています。

このケースは、何事も大きな仕事をする前には基礎力や土台を築くことが重要になることを示していますが、他のマネジャーも同様の考えを持っていました。

先に紹介したプロフェッショナル・ファームのマネジャーも、入社してから九年近くを国内で勤務し、その間に会計士としての基本業務を習得したからこそ、海外駐在というストレッチ経験を積むことができたのです。

私は以前、ＩＴ技術者の経験学習を調査したことがあります。そのとき、ＩＴコンサルタントは、入社六年から一〇年目の期間に、きわめて難易度の高い仕事、いわゆる修羅場を経験して成長する傾向が見られました。しかし、そういう人でも、最初の五年間は地道な業務を積み重ねて地力をつけていたのです。[32]

つまり、大きなストレッチをするためには、小さいストレッチを繰り返して土台を作っておかなければならないのです。それは、野球のピッチャーが試合で華々しい活躍をするために、日ごろから地味なランニングによって足腰を鍛えておかなければならないことと似ています。

逆に言うと、地力がついていないまま修羅場を経験してしまうと、つぶれてしまう危険性も高いといえます。

ちなみに、土台づくりは、若いときだけに必要なわけではありません。いくつになっても、新しい分野に踏み出すときには、土台づくりの経験が必要になります。土台づくりの経験は、挑戦の基盤づくりであり、それを足場としてよりレベルの高い仕事ができるようになるのです。

あるマネジャーは、三〇代の後半になって、はじめて営業の仕事に就きました。そのときのことを次のように振り返っています。

「三七歳のときに会社を変わり、技術者を辞め、営業のマネジャー職になりました。それまで営業の経験はありませんでしたが、一年間で中小企業から大企業まで、クライアントを五〇〇件ほど回り、これによりマーケットの状況や顧客のニーズが非常によくわかるようになりました。仕事というものは、一番下のところからやってみないとわからないものです」

このように、新しい分野に挑む際には、いくつになってもその分野での土台づくりの経験が必要になるといえます。

方略2 周囲の信頼を得てストレッチ経験を呼び込む

経験学習の自由記述調査をすると、「ルーチンワークばかりで、成長につながる経験が与えられない」という悩みを持つビジネスパーソンが多いことに気づきます。たしかに、ストレッチ経験には、自分で創り出すという側面だけでなく、他者から与えられるという側面があります。

インタビュー調査の中で示されたことは、これら二つの側面がつながっているということです。つまり、目の前の仕事に集中して質の高い仕事をすることにより、他者から信頼され、その結果としてチャレンジングな仕事が与えられるというパターンが多く見られたのです。

「ルーチンワークばかりで、成長につながる経験が与えられない」と悩んでいる人の中には、そもそも現在手がけている仕事の質が高くないために、難しい仕事を任せられるだけの信頼を得ていない可能性があります。

コンサルティング会社に勤務するマネジャーの声を聞いてみましょう。

「ストレッチ経験は周りから与えられるような気がします。自分のストレッチ経験を振り返ると『成り行き』であることが多いからです。しかし、そうした経験を与えてもらうためには、今の仕事で結果を出すことが大事です。それを見ている誰かが仕事を振ってくれるのではないでしょうか」

具体的には次のような話をしてくれました。

「私の部署では、三年ほど前から、ビジネスパーソンの成長に焦点を当てた調査報告書づくりに取り組んでいます。当初、この仕事は利益を生み出す仕事ではないため、社内には必要性を疑問視する人もいました。しかし、毎年調査報告書を出し続ける中で、クライアントから評判となり、コンサルティング・ツールとしても役立つことがわかって、社内の評価が上がっていきました。他部署の同僚から『三年間頑張って、自分の居場所を見つけましたね』と言われたときはうれしかったですね。今は、この報告書のおかげで、難しいけれどやりがいのある仕事をいろいろと依頼されるようになりました」

このケースから、目の前の仕事でしっかりと成果を出すことによって、周囲の人から信頼され、チャレンジングな仕事を与えてもらえるようになったというプロセスがわかります。

同じように、都市銀行に勤務していたことのあるマネジャーは、次のように語っています。

「銀行員の新人時代に、ある鉄道の券売機の集金をしていました。大量の硬貨を、効率的に巻いて現金輸送車に運び入れる仕事です。はじめのうちは『大学を卒業してなんでこんなことやっているのだろう』と思いましたが、時間通りにやらないと現金輸送車が遅れてしまいます。一生懸命やっているうちに、効率的に作業が進むようになり、時間的余裕もできました。すると、上司や先輩の自分を見る目が変わり『できるじゃないか』と評価され、徐々に面白い仕事を任せてもらえるようになりました」

このコメントにあるように、たとえルーチンワークであっても、質の高い仕事をすることで上司や先輩からの信頼を獲得することができるのです。

人材会社のマネジャーは、成長している若手社員のケースを紹介してくれました。

「ある事務職の女性がいるのですが、彼女に『全体会議の日時を知らせてね』とお願いしたところ、年間の会議スケジュール表を作成して配信するシステムも作ってくれました。何か言われたら『これを自分の仕事にしてやろう』と創意工夫すると、周りは『そんなことができるんだ』ということになり、より高度な仕事を頼もうという気になるものです。小さいことでもしっかり仕事をしてくれる人には、より大きな仕事が来るようになります。何事も面白そうだと思えるかどうかによって、声をかけられる人とかけられない人に分かれるのです」

このように、目の前の仕事に集中して創意工夫を重ね、小さいストレッチを重ねることが、より大きなストレッチ経験を呼び込むことにつながることがわかります。

あるＩＴサービス企業の役員の声も聞いてみましょう。

「誰でも『火種』を持っていますが、着火するには環境要因が必要です。でもいつかは火がつく。火がつくのは偶然かもしれないですが、その偶然をとりに行くことが大事です。そのためには、今ある仕事をしっかりとこなすこと、その向こうにしかチャンスはありません」

自分の中にある火種に火をつけてくれる仕事に巡り合うためにも、今の仕事で成果をあげて地力をつけ、周囲の信頼を得ることが大切になるといえるでしょう。

方略3 できることをテコにして挑戦を広げる

熟達論の研究者であるエリクソンは「成長するためには、苦手なことを練習することが大切だ」と述べています。[33] できないことを練習することがストレッチの本質ですが、優れたマネジャーたちは、できることをテコにして、できないことに挑戦している傾向がありました。

あるメーカーのマネジャーのケースを紹介します。

「一〇年ほど人事部で働いた後、いきなり販売部門に異動させられました。営業経験がまったくゼロだった私は商品知識もなく『本社からなにしに来たの？』という感じで、三カ月ほど苦しかった覚えがあります。まともに営業をしていたらまったく勝てません。皆と同じことをやってもかなわないので、自分にできることで他の人がやっていないことをやろうと決意しました。その頃、当社では、お客さんに喜んでもらう店づくりに取り組んでいたので、『お客さんは商品カテゴリーごとにキーストアを持っている』という仮説を立て、地域における購買状況の調査分析を提案しました。住民台帳や地図を使い、電話を一〇台ほど用意して、購買行動を調査したのです。すると、地域において、どの店で何が買われているかが明確になり、『他の地域でもやってくれ』という依頼が来て、やっと自分の居場所ができました」

このマネジャーは、本社のスタッフ部門から、現場のライン部門へ異動するというストレッチ経験の中で、自分にできそうなことを探し、そこから新たなチャレンジを始めたわけです。

前章で紹介した「よく考えられた実践」の条件の一つに、「適度に難しく明確な課題」があったのを覚えているでしょうか。「適度に難しい課題」とは、懸命に手を伸ばせば届きそうな課題、やればできそうな課題を指します。つまり、本人の能力を考えたとき、達成可能な範囲の難易度の課題です。

長年低迷していた早稲田大学の駅伝チームを、二〇〇八年、二〇〇九年の箱根駅伝で二年連続総合二位、二〇一一年には総合優勝するまでに育てた渡辺康幸氏は、監督に就任した当初の状況を次のように振り返っています[34]。

「掲げる目標が高すぎて、言葉に重みが感じられない。『負け癖集団』というか、『これでは勝てないな』という思いを抱いたのをよく覚えています。(中略) 実践したのは選手に自分の手が届く目標を定めさせ、それを達成するための環境を整えることです」

つまり、渡辺監督は「適度に難しい課題」に取り組ませることで、部員の意欲を高めたのです。モチベーションの期待理論によれば、「やればできる (努力すれば成果があがる) という期待」は、人の意欲に影響を与えるといわれています。「頑張ればできそうな課題」に立ち向かうとき、人はやる気を起こすのです。

ただ、与えられた仕事の難易度がきわめて高い場合には、どうしたらいいでしょうか。ある通信サービス企業の人事マネジャーの意見を見てみましょう。

「ある年に、大量の新人を採用することとなり、どうやって彼らを教育するかという修羅場経験を積みました。当時の私の力量の何倍もの難度があったと思います。そのとき学んだことは『因数分解すればなんとかなる』ということです。目標が高くとも、因数分解して、やるべきことを分け、できるところから一つずつつぶしていけば乗り越えられるものです」

どのくらいが「適度なストレッチ」かは、個人の能力、仕事内容、成長のステージ（時期）によっても変わるでしょうが、ストレッチ度合いが高い場合でも、このマネジャーのように、仕事を構成する要素を分割し、できるところから挑戦を広げていくことで、適度に難しい課題になるといえます。

まとめ ストレッチの足場を作る

さて、若手のビジネスパーソンは、自らの経験を選ぶことも、経験をデザインすることも難しいといえます。こうした場合、どのように経験をストレッチさせればいいでしょうか。

これまでの方略をまとめると、成長する人は、下積み経験によって挑戦するための土台を作り、周囲の人からの信頼を得ることで難易度の高い仕事を呼び込んでいました。つまり、「あいつに任せればどうにかなる」、「彼（彼女）だったら成果が期待できる」と他者に思わせて、ストレッチ課題が自分に振られるような状況を作っているのです。また、いきなり大きなことをしようとせずに、できることをテコにして、徐々にストレッチの幅を広げていました。こうした方略は、若手のビジネスパーソンも十分に使えるものでしょう。

以上の方略からわかることは、挑戦的な経験は、自分で創り出すという側面と、他者から与えられる側面があるということです。そして、創り出すか与えられるかにかかわらず、経験から学ぶ力のある人とない人の違いは、「挑戦のための足場づくり」をしているかどうかの違いです。小さなストレッチを積み重ねて大きなストレッチのための足場を作っている人は、それだけ他者から挑戦的な仕事が与えられる確率が高くなり、また、そうした挑戦的な仕事をやりきるだけの力を蓄えているといえます。

コラム　自分の頭で考える「ノウイング」

会社に入社して間もない頃、先輩や上司から「他人やインターネットにばかり頼らずに、自分の頭で考えろ」と言われたことはないでしょうか。ストレッチ系の学ぶ力の背景にある理論の一つに「ノウイング」という考え方があります。

クックとブラウンという研究者は、知識は人から人へ、書物から人へと移転されるのではない、と主張しています。彼らによれば、人は、他者の知識や書物の知識を「道具として」使用しながら、新しい知識を作り出しているのです。こうした知識を生み出す行為を彼らは「ノウイング（knowing）」と呼んでいます。[35]

例えば、小さい頃に親についてもらいながら自転車の練習をしたことを思い出してください。「ハンドルをしっかり持って」、「身体をまっすぐにして」などのアドバイスを親からもらいますが、私たちは結局、膝小僧をすりむきながら自分で自転車の乗り方を習得したのではなかったでしょうか。つまり、私たちは、自転車の乗り方という「知」を創造したのです。

他者からのアドバイスや意見を参考にしながらも、自分の頭で考える「ノウイング」をどの程度実施しているかが、経験からの学びの度合いを左右します。

私が、IT技術者の学習について調査をしていたときにわかったことは、企業においてノウイングが危機に瀕しているということでした。具体的には、組織内のノウハウを共有し、業務を効率化するために作られた知識データベースの普及によって、自分の頭で考えなくなる人が増えているのです。

あるITコンサルタントは、次のように指摘しています。[36]

「ソリューションパックとか、お客様の事例データベース化、基本的には知識データベースのようなものを作り、似たようなプロジェクトがあれば、それを見ることができる環境にしています。私の持論からすると、考えなくなる世界なので、『効率化』というキーと『考えなくなる』ということを、どうやって折り合いをつけるかというのが非常に難しい」

大学生が卒論を書くときに、インターネットから適当な論文を検索し「コピー&ペースト」することが問題になっていますが、同じことが企業内でも生じているのです。私と英国ランカスター大学のイースタバイスミス教授は、この現象を「知識共有のジレンマ」と名づけました。[37] つまり、知識共有は効率化のためには有効な手段ですが、知識共有を進めすぎると、メンバーが自分で考えることを阻害してしまうことがあるのです。

第2章で説明したように、経験学習サイクルは、「具体的経験→内省→教訓の引き出し→新しい状況への適用」というステップから成っていました。このうち、内省し、教訓を引き出すことが「ノウイング」にあたります。ノウイングをしていない人は、単に他者の知識を鵜呑みにしているだけで、「内省」や「教訓を引き出す」ステップをスキップしてしまっている人、つまり自分の頭で考えていない人です。

自分の頭で考える鍵は、他者の知識をそのままコピーするのではなく、材料や参考資料として自分なりにアレンジしたり、工夫する「カスタマイズ」という作業を行うことです。このカスタマイズを心がけるとき、自分なりの知を生み出していることになります。

救急救命の医師の熟達に関する調査をした際、若手の医師を育てる立場にあるベテラン医師は、自分の失敗について語ってくれました。[38]

このドクターは、ある若手の医師を訓練するとき、自分のやり方をそのまま伝える方法をとったそうです。しかし、その後輩医師が一人立ちしたときに驚いたことは、彼の治療が先輩医師の治療内容を単にコピーしただけのもので、きまりきったパターンになっており、応用が利かないことでした。

つまり、この医師は、教えすぎてしまったために、若手医師が自分の頭で考えることを抑えてしまったのです。その後、このベテラン医師は「ゴールさえ間違っていなければ本人のやり方を尊重して、できるだけ『待つ』」ことを心がけているそうです。

他者から教えてもらうことは大事なことですが、問題意識を持ちながらその内容を吟味し、自分の頭で考える「ノウイング」が、経験から学ぶために必要になります。

リフレクション系の学ぶ力

なぜリフレクションが重要なのか

次に、経験から学ぶ力の二番目の要素であるリフレクション系の学ぶ力について考えてみたいと思います。

リフレクションとは、起こった事象や自身の行為を内省すること、すなわち振り返ることを指します。では、なぜリフレクションが成長にとって重要になるのでしょうか。その理由は次の二つです。

第一に、振り返りによって、経験からより多くの教訓を引き出すことができるからです。すでに説明しましたが、リフレクションには、行為の中での振り返りと、行為の後の振り返りの二つのタイプがあります。

行為の中での振り返りとは、考えながら行動することです。「何のためにこの仕事をしているのか」、「はたしてこのアプローチでいいのか」、「もっと良い方法はないか」といったことを考えながら仕事をすることは、より成果をおさめ、そこから質の高い知識を得るために必要になります。

二〇一〇年に甲子園で春夏を連覇した興南高校の我喜屋優監督や、ラグビーU23日本代表の薫田真弘監督は、練習の途中で短いミーティングを挟み、プレーの意味を確認したり、話し合うという手法を取り入れています。[39] また、日本の製造現場では、問題が発生したときには生産ラインを止め、その場で問題を解決することで品質を高めているところもあります。

なぜ練習や仕事の最中なのでしょうか。それは、練習や仕事の後で振り返っていては、そのときの感覚を忘れてしまうからです。行為の最中に、よく考え工夫することが、新しい知識やスキルを生み出す上で欠かせません。

リフレクションが重要となる第二の理由は、行為の後で振り返ることによって、仕事を通して学んだことや得た教訓を、頭の中で整理し、意識づけることができるからです。

図表3-3｜リフレクションの方略

方略1	行為の中で内省する
方略2	他者からフィードバックを求める
方略3	批判にオープンになり未来につなげる

前述したように、サッカー日本代表の選手の中には、毎日の練習や試合を振り返るノートをつけることで、学びを引き出している選手がいます。

ここで注意しなければならないことは、行為中のリフレクションが、行為後のリフレクションの質を決めるということです。行為中のリフレクションが十分でないと、行為後のリフレクションの効果が半減してしまいます。惰性で行った仕事を振り返っても、そこから得られる教訓は限られているからです。自分の頭で考えながら集中して行った仕事を振り返ることで、はじめて意味のある教訓を引き出すことができます。

なお、リフレクションについては、どのようなタイミングで振り返るかによってさまざまなパターンがあります。

すでに説明したように、コルブの経験学習モデルによれば、人は具体的経験をして、内省し、そこから教訓を得て、次の状況に適用するというサイクルを回しながら学んでいきます。

このとき、数秒から数分という行為の中でこのサイクルを回す場合もあれば、数週間・数カ月のプロジェクトの後に振り返る場合、数年にわたる経験を振り返る場合など、その時間幅はさまざまです。

数秒から数分という時間幅の中でのリフレクションは、行為中のリフレクションといえるでしょう。

これまでの研究、およびマネジャーの調査を通して明らかになったリフレクション方略は「行為の中で内省する」、「他者からのフィードバックを求める」、「批判にオープンになり未来につなげる」の三つでした（図表3-3）。

では、これらの方略について見ていきましょう。

方略1 行為の中で内省する

行為の中で内省するということは、仕事の意味や背景について疑問を持ち、考えながら仕事をするということです。

ある企業のマネジャーは、航空会社に勤務していた新人の頃の経験を次のように振り返っています。

「あるとき部長から、一〇ページほどの英語資料を翻訳してくれという依頼がありました。翻訳し終わって渡したところ、その部長から『で、どう思う?』と聞かれたんです。何も考えずに単に訳しただけだったのですが、部長としては『何かを感じてほしい』、『提案してほしい』ということだったのです。この経験はとても印象に残っており、それ以降、仕事を通じて、相手の意図を読んだり、社会的背景を考えるようにしました。すると、どんな仕事でも面白くなるんですね」

このマネジャーは、漠然と仕事をしていた中で、行動しながら内省すること、内省しながら行動することの大切さを上司から教えられました。

次に、あるマネジャーが百貨店の人事部に勤めていたときの話を聞いてみましょう。

「私は人事部門で労務や給与の仕事をしていましたが、はっきりいってルーチンワークです。しかし、マニュアル通りに実施しても面白くありませんから、『いかに業務を効率的にスマートにこなすか』、『仕事の背景となる法律や世の中の動きは何か』、『なぜこの仕事をするのか』を考えながら取り組みました。そうすると、いらないものが見えてきて、より効率的に仕事を進めることができるようになったのです。うまくできるとうれしいし、周りの人にほめてもらうと自信がつきますよね。この経験を通して、自分がやっている仕事の意味を見いだせました」

このマネジャーは、一見してルーチンワークに思えるような仕事の背景や意味を考えることで、業務を効率化し、そこにやりがいを見いだしています。

こうして考えると、「行為の中で内省する」ことは、仕事からエンジョイメントを引き出す効果を持つと同時に、ストレッチするためのベースになることがわかります。

「行為の中で内省する」ことは、物事の本質を考え、疑問を持ちながら、常に改善を目指すことを意味します。

世界的なバイオリニストである五嶋みどり・龍さんを育てた五嶋節氏も、一流のバイオリニストになるためには、他者を模倣しながらも「疑問を持ち、自分で考えること」が大切になると強調しています。[40]

「大事なことは、『サル真似』を通して自分で疑問を持つこと、『サル真似』の結果、自分で考えるようになることだと思います。（中略）練習を繰り返しやることも大切ではあるのですが、なぜここはどうしてもうまく弾けないのか、こうしたほうがいいのか、ああしたほうがいいのか、どうしたらいいのかと、自分で疑問を持ち、考え、試行錯誤して練習し、わからないときは先生に質問するべきです」

このコメントから「疑問を持つ」ということが「自分で考える」ことのはじまりであることがわかります。「忙しすぎて、仕事を振り返る時間がない」という悩みを持つ人は多いと思いますが、必ずしも振り返るのに特別な時間をとる必要はありません。仕事の最中に振り返り、振り返りながら仕事をすることが基本なのです。

方略2 他者からフィードバックを求める

経験から学ぶためには、行為の中で内省するだけでなく、行為の後で内省することも必要になります。行為後のリフレクションで欠かせないのは、自分の行為のどこが良くて、どこが悪かったのかについてのフィードバック情報です。

結果についてのフィードバックは、第2章で説明した「よく考えられた実践」の条件の一つでした。

つまり、適度に難しい課題に取り組み、その結果についてのフィードバック情報に基づいて、自分の行為や態度を修正していくことが、成長を促します。

ともに働いている先輩、後輩、同僚や、取引先やお客さんは、自分の活動や仕事に対する姿勢などをよく見ています。彼らからの率直な意見やアドバイスは、自分の行為を振り返り、成長するための貴重な情報になるのです。

この点について、あるマネジャーは次のようにコメントしています。

「ある精神分析学者によれば、人は他者を通してしか、自分を見ることができないそうです。ですから私は、クライアントや部下や同僚など、自分の周囲の人たちから得られるフィードバック情報を大切にしています。言葉によるものもあるし、態度や反応のようなフィードバックもありますが、それらに敏感になり、そこから何かを読みとるように心がけています。なかには解釈力が問われるフィードバックもありますが、何らかのメッセージが込められていることは確かなのですから」

他者からのフィードバックは必ずしも言葉によるものとは限りません。他者の見せる顔つきや雰囲気からも、何らかの情報を収集し、自分の振る舞いの適切さを振り返る必要があるのです。

あるコンサルティング会社のマネジャーは、メーカーから転職してきた当初の経験を次のように振り返っています。

「入社して三カ月したとき、上司である部長から『もっと仕事をやってくれると思っていた』と言われ少しショックを受けたことを覚えています。ただ、この部長は私のことを親身になって心配してくれる方だったので、前向きにとらえることができましたけど。私が彼を尊敬していたのは、自分から積極的にフィードバックを求めてくる人だったからです。例えば、セミナーを実施した後に、『今日の進め方、どう思った?』と聞いてきて、その後できっちりと修正していました。こうした姿勢が、質の高い仕事につながっていたと思います」

同僚や部下に、自分の仕事ぶりについて意見をもらうことはなかなかできるものではありません。自分の仕事を他者がどのように思っているかについて、積極的に意見を求める姿勢の大切さは、経験から学習する能力の研究でも指摘されています[41]。

第1章のアンラーニングの説明の際に紹介した、棋士の米長邦雄氏の事例を思い出してください。四〇代に入ってスランプに陥った米長氏は、若手の棋士に、「自分のどこが悪いか」を素直に聞き、自らの将棋スタイルを変えていきました。

若い頃には、上司や先輩からいろいろとアドバイスや批判をもらうことができますが、米長氏のように、すでに高いレベルに達し、社会的な地位を得た人は、他者からのフィードバックを得にくくなります。その最たる例が社長です。組織階層のトップに位置し、上司がいない社長は、批判的な意見を言ったり、アドバイスをしてくれる人が周りにいない場合が多いからです。

インキュベーターとして多くの起業家を支援してきた経営者は、次のように語っています。

「起業家には社外にメンターがいる場合が多いですね。なぜなら、起業家は社長なので社内では弱音を吐けないからです。社外のメンターに対しては、弱音を吐いたり、誰にも言えない悩みを打ち明けることができます。私は投資家なのでいろいろな起業家のメンターになっていますが、もちかけられる相談内容は『上場すべきかどうか』、『企業として成長するための次のステップをどうするか』、『M&Aをすべきかどうか』などが多いですね」

他者から率直なフィードバックを得ることは、組織の階層が上になるほど難しくなります。そうした状況を自覚して、外部のネットワークを通して積極的にフィードバックを求める姿勢は、適切なリフレクションにとって欠かせない条件となるのです。

長年、営業担当者の教育を手がけてきた企業の経営者によれば、率直なフィードバックを求める姿勢は、学び続ける営業担当者の特徴でもあります。声を聞いてみましょう。

「自分の売り方を変えていける担当者は、一次情報、つまり、お客さんが買う瞬間の様子や、お客さんが気にすることに敏感です。彼らは、自分の営業トークの中でお客さんに響いたところ、響かなかったところをよく観察しています。売れたときには、お客さんに『なぜ買われたんですか?』と素直に聞き、売れなかったときには『なぜ買われなかったんですか?』とフィードバックを求めることで、世の中の動きが見えるように常に自分のレンズを磨いています。逆に、成長が止まってしまう昔のヒーローは、変なプライドがあって、お客さんに素直に聞くことを恥ずかしいと感じます。その結果、知らず知らずのうちに、モノを見るレンズが曇ってしまうのです」

自分のアクションを相手がどのように受けとめているかを聞き出すことは、適切なリフレクションを可能にし、時代に合わなくなった方法をアンラーニングする（捨てる）条件となります。

適切なフィードバックを得られるかどうかは、他者とどのような関係を構築しているかも関係しますが、この点については、第4章の「つながり」のセクションで説明します。

方略3 批判にオープンになり未来につなげる

フィードバックを求めて、率直な意見をもらったとしても、その内容が今の自分を批判するものであったとき、受け入れることができないこともあるかもしれません。

もちろん、ありとあらゆる意見やアドバイスを聞き入れていては身が持ちません。ここで大切になるのは、他者からのフィードバックを取捨選択し、本質的なものを見きわめて受け入れ、未来につなげることです。

「伝説の救助隊長」と呼ばれ、さまざまな災害現場で活躍してきた東京消防庁の元消防隊長は多くの人材を育ててきました。この元隊長は「成長する人材」について次のように述べています。

「伸びる人材は素直な人間です。僕が言う素直な人とは、良いと思ったことを合理的に吸収していける人間です」

素直な人というと、他者から言われたことをそのまま信じる人というイメージがありますが、元隊長の言う「素直な人」は、少し違います。なんでもかんでも取り入れるのではなく、他者の意見をよく吟味し、自分の成長につながることを積極的に取り入れることができる人のことでしょう。

あるメーカーのマネジャーは、自社のエース級人材の特徴を、次のように語っています。

「エースと呼ばれる人は、人脈が広く、いろいろな人の意見を聞く傾向にあります。『今こんなことを考えているんだけど、どう思う？』と自分のアイデアを投げて、相手の反応を聞いて、また意見を出すというキャッチボールを通じて積み上げていくのです。また、上司から何か指示されたとしても、そのまま鵜呑みにはせずに、本当にそれが一番良いのか？　自分ならどうするか？　を考える人もいます」

エース級の人材は、さまざまな意見を聞き、それをもとに自分の意見を投げ、さらに相手の反応を聞くというやりとりの中で、知識を生み出していることがわかります。そして、批判にはオープンだけれども、鵜呑みにしないことも大切です。他者の知識を道具として、自分の知識を生み出しているという意味で、先のコラムで紹介した「ノウイング」を実践しているといえるでしょう。

経験から学習する能力についての過去の研究においても「批判に対しオープンである」ことが重視されています。[42] 批判にオープンであるということは、批判を無批判に受け入れることではなく、批判されていることの本質をつかみ、自分の行動を修正することです。

経営学者のヤノーは、「自分が正しいという熱い思いを持ちつつ、自分が間違っている可能性についても考える傾向」を「情熱的謙虚さ（passionate humility）」と呼んでいます。[43] 情熱的謙虚さは、リフレクションを通して成長するための条件の一つであるといえるでしょう。

ただ、人は他者から批判されると防衛的になってしまいがちです。経営学者のアージリスは、学習を阻む考え方として「防衛的思考」を挙げています。[44] 防衛的思考とは、自分のやり方がうまくいかないと、他者からの批判をかわそうとしたり、自分自身を責めるのではなく、他人に責任をかぶせようとする考え方を指します。

こうした思考に陥ることを防ぐためには、自分の能力を高めることを重視する「学習志向の目標」を持つことが有効です。自分を高めたいと思っていれば、他者からの批判を拒否するよりも、取捨選択しながら取り込もうとする気持ちになるからです。学習目標については、第4章の「思い」のセクションで説明します。

あるマネジャーは、米国の大学院の授業での経験を次のように振り返っています。

「大学院のリーダーシップの授業で『360度評価で自己を知る』というセッションがありました。そのセッションでの学びを生かすために職場に戻り、部下たちにフィードバックをもらったのですが、その中の一つに『感情が顔に出る』と書いてあったのです。無記名でしたが書いた人が想定でき、『自分のことを言っているんじゃないの！』とそのときは思ったのですが、以後、『人から見える自分について自分は気づいていないだけかもしれない』と思うようになりました」

このマネジャーは、当初は自分をクリティカルに見つめ直すことに抵抗を感じていたものの、半年にわたり内省する過程で、批判的なフィードバックを受け入れることができるようになりました。

ここで大切なことは、過去に起こったことを単に後悔するだけの後ろ向きのリフレクションではなく、批判的なフィードバックを将来の改善につなげる「未来志向のリフレクション」です。

インキュベーターとして多くの起業家に投資し育ててきた経営者は、次のように語っています。

「内省するとき、過去に拘泥しすぎないほうがいいでしょう。つまり、未来を規制してしまうような内省は避けるべきです。細かいことを気にしすぎないで、未来を良くするために過去を使うという姿勢を持つとき、成長できると思います」

過去の経験を後悔するだけで、その教訓を将来の自分の行動に生かそうとしない人は、成長することはできません。リフレクションは、あくまでも自分を責めるためではなく、将来の自分を成長させるために行うものなのです。

聖路加看護大学の学長である井部俊子教授は、リフレクションの日本語訳として「振り返り」という言葉が適切でないと指摘しています。

「私は『振り返り』という言葉は嫌いです。なぜなら、振り返りというと、過去ばかりを見ていて将来を向いていないという後ろ向きのイメージがあるからです。本来、リフレクションとは将来の自分を良くすることを目指すものでしょう」

リフレクションは、行為の中で、また行為の後で自分が体験したことの意味を考えることです。批判的なフィードバックを得たときは、過去の自分の行為を後悔するだけに終わってしまいがちですが、それを乗り越えて、批判を将来の活動に生かすことができるかどうかが、成長を左右するといえます。

まとめ　進行形で内省する

みなさんの中には、業務日誌や上司との面談など、日常の仕事の中に、形の上では、リフレクションする機会を持っている方もいらっしゃるかと思います。成長につながるリフレクションと成長につながらないリフレクションの違いは何でしょうか。

これまでの方略をまとめると、成長につながるリフレクションとは、①仕事の後だけでなく、仕事の最中にも振り返り、②他者からフィードバックを積極的に求めて、③批判的な意見にもオープンな姿勢で未来につなげるという「進行形の内省」です。

逆に、考えながら仕事をせず、振り返るときに他者からの意見をもらわず、批判にも耳を傾けず、過去にこだわりすぎる「閉じられた過去形の内省」では、成長につながりません。

さまざまなフィードバックをもらいながら進行形で振り返るとき、経験から学ぶ力もアップするといえます。

コラム 持論を問い直す「内省的実践」

他者から教えてもらいながらも、人は自分の頭で考えることによって、自分なりの「持論」や「ノウハウ」を作り上げます。しかし、すでに指摘したように、経験を積むに従ってこの持論やノウハウが固定化し、成長が止まってしまう傾向があります。

このノウハウの固定化を防ぐのが、「持論を問い直す」ことです。

ショーンという学者は、仕事や問題の本質を考えながら、自分の行為を振り返り、自分の持論やノウハウを問い直すことを「内省的実践」と呼んでいます。[45]

この内省的実践は、リフレクション系の学ぶ力の理論的な土台となるものです。「問題の本質は何か」、「自分のやり方は本当に正しいのだろうか」、「この仕事はどんな意味があるのか」という問いを自分に投げかけながら仕事をすることで、見過ごしがちな点を意識したり、自分が当たり前だと思っていた前提や仮定に気づき、今までとは違う考えや行動を受け入れることができるようになるのです。[46]

時代が変化しているのに自分のやり方に固執している「昔のヒーロー」は、内省的実践ができない人です。これに対し、顧客のニーズや社会環境の変化を敏感に感じ取りながら、自分の営業スタイルや、仕事に対して自分が抱いている前提を問い直すことのできる営業担当者は内省的実践者だといえるでしょう。

「経験→内省→教訓の引き出し→新しい状況への適用」という経験学習サイクルの中で、より深いレベルで「内省」と「教訓の引き出し」を行うのが内省的実践です。内省的実践は、前述した「アンラーン＝学びほぐし」を促すものですが、「自分の頭で考える」という行為を突き詰めたものであるといえるでしょう。

成長の止まっていた棋士の米長邦雄氏は、問題の本質を問い直すことによって自分が得意な戦法を見直し、再び成長することができるようになりました。

ショーンは「行為の中での内省（reflection in action）」と「行為の後の内省（reflection on action）」を区別していますが、ここで大事なことは、両者をむすびつけることです。つまり、図表3-4に示すように、自分の頭でよく考えながら仕事をし（行為の中での内省）、仕事の後でも深く考え（行為の後の内省）、次の行為につなげるという循環を大切にしなければなりません。[47]

図表3-4 | 内省的実践のあり方

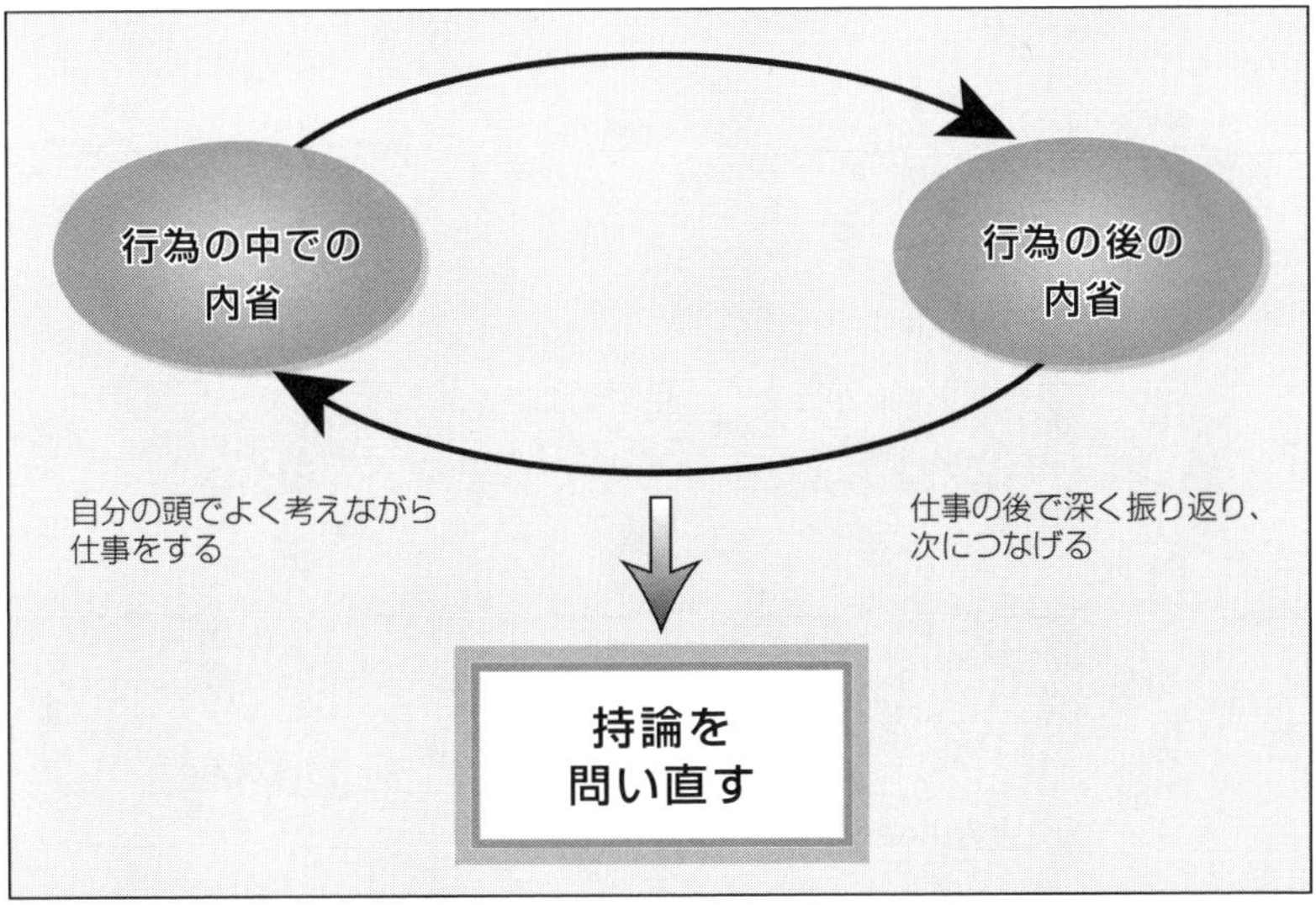

自分の頭で考えながら仕事をしていない人は、たとえ、仕事の後に振り返る習慣があっても、大きく成長することができないでしょう。

内省的実践は、前述した「ノウイング」の一種ですが、自分の持論やノウハウを改定する「学びほぐし」を促すという意味で、レベルの高いノウイングといえるでしょう。

「本当にこのやり方でいいのか？」、「もっといい方法はないのか？」、「自分が持っている前提は正しいのか？」。こうした本質に関する問いを自分に投げかけながら仕事をしている人は、ダイナミックに成長し続けることができるのです。

（エンジョイメント系の学ぶ力）

なぜエンジョイメントが必要なのか

これまでストレッチとリフレクションについて説明してきました。これらの要素は成長のために欠かせませんが、この二つだけだと、学びの活動が「つらい」ものになりがちです。つまり、高い目標に挑戦して内省することだけだと「ストイックな修行」のようになってしまいます。

そこで必要になるのが、第三の要素「エンジョイメント」です。

エンジョイメントとは、仕事自体に関心を持ち、やりがいや面白さを感じることで意欲が高まっている状態、および仕事をやりきることで達成感や成長感を感じている状態を指します。エンジョイメントが必要な理由は、それによって、活動に対する自信がつき、さらなるストレッチの動機づけが高まるからです。

創造性を研究しているアマビールによれば、外的なプレッシャーによって動機づけられるときよりも、仕事そのものから得られる関心、楽しみ、満足、挑戦によって動機づけられていると感じるときに、人

図表3-5｜エンジョイメント系の方略

方略1	集中し、面白さの兆候を見逃さない
方略2	仕事の背景を考え、意味を見いだす
方略3	達観して、後から来る喜びを待つ

は最も創造的になります。[48]

また、キャリア論の研究者であるクランボルツらも、知的好奇心を持つ人は、偶然の出来事をキャリア上の機会として生かすことができると主張していることは以前にも述べました。[49]

このように、関心や好奇心を持つことで、人は創造的になったり、偶然のチャンスを生かして成長することができるのです。

ストレッチとリフレクションが自転車の両輪だとしたら、エンジョイメントはそれらをつなぐチェーンであるといえます。

では、どのようにすればエンジョイメントを高めることができるのでしょうか。

インタビュー調査の結果、図表3-5に示すような三つの方略が見つかりました。以下では、「集中し、面白さの兆候を見逃さない」、「仕事の背景を考え、意味を見いだす」、「達観して、後から来る喜びを待つ」という三つの要素について説明します。

方略1 集中し、面白さの兆候を見逃さない

企業人が仕事をする中で、面白い仕事というものはなかなかあり

ません。一見つまらない仕事から面白さや意義を見つけ出すことが大切になります。そのポイントは、集中する中で、面白さの兆候を見逃さないことです。

神戸大学の平野光俊教授は、大手小売業に勤務していた頃の経験を次のように語っています。

「店舗で総務課長をしていたとき、苦情処理を担当していました。お客さんの苦情に対して真摯に対応するのは当たり前ですが、いちゃもんをつけて不当な要求をするやっかいなクレイマーもいます。大声で恫喝されることがよくありました。最初はイヤでイヤでしょうがなく、ビビっていましたが、総務課長としての責任もあるので逃げるわけにはいきません。しかし、真剣な気持ちで場数を踏むとだんだんコツがわかってくるものです。例えば『店で買ったカニを食べたら腹がいたくなった、どうしてくれるんだ？』というクレームが来たことがありました。そんなときはすぐに自宅へ伺います。そして、すでにゴミ箱に捨てられているカニを自分も食べて大丈夫であることを確認するなど、相手と同じ状況に自分をおくとこちらが優位に立てることがわかりました。こうしたことがわかってくると、悪質なクレイマーの苦情処理の仕事の中にさえ、面白さを感じるようになりました。そうすると、交渉力もついてきますし、周囲の反応も変わってきます」

この事例から、一見つまらない仕事でも、我慢して続けるうちに、徐々に面白さが見えてくることがわかります。もし平野教授が、苦情処理という仕事から目をそむけていたら、その面白さを感じることもなかったでしょう。
前述した小野二郎氏は、七歳のときに奉公に出され、二五歳ですし職人になりました。小野氏は、必ずしも関心があってすし職人の世界に飛び込んだわけではありません。八五歳の現在も現役で働いている小野氏は、次のように振り返っています。

「自分に合う仕事なんかないですよ。自分が仕事に合わせないといけないでしょう。だって、まるで経験のない人が、あれもダメ、これもダメと言っていたら、やる仕事なんてありませんよ。(中略) 没頭すれば、その仕事がだんだん好きになりますよ[50]」

関心があるから没頭できることもあれば、小野氏のように、没頭することで関心が深まることもあります。

この没頭という状態は、人の成長とも関係しています。心理学者のチクセントミハイは、芸術家、競技者、音楽家、チェスの名人、外科医といった熟達者が、活動しているときにどう感じているかを調べ、彼らが「フロー状態」にあることを発見しました[51]。

フロー状態とは「一つの活動に深く没入しているので他の何ものも問題とならなくなる状態、その経験自体が楽しいので、純粋にそれをするということのために多くの時間や労力を費やすような状態」のことを指します。

インタビュー調査の対象となった人々が、自分の最高の状態を「流れているような感じ」、「流れ(flow)

に運ばれている感じ」と表現したことから、チクセントミハイは、こうした体験を「フロー体験」と名づけました。フロー状態にある人は、普通の人では耐えられないような困難な仕事も楽しむことができ、成長していきます。

次のマネジャーは、集中することで見えてくるものがあると述べています。

「イヤなことでも集中して続けていると、面白いとか面白くないとかの境界があいまいになり、肯定的な変化が起こります。なんだか楽しくなる瞬間や、『これは何だろう？』という意外な発見です。そうした面白さの兆候が現れてきたら、それを逃さずに深掘りすると、当初つまらないと感じていた仕事にも、やりがいを感じるようになります」

「没頭しろと言われても、それができないから困っている」と感じている人は多いことでしょう。没頭するためのポイントは、面白さの兆候に敏感になるということです。仕事をしていれば、どんな仕事にも「面白さの兆《きざ》し」があります。しかし、その兆しは現れたかと思えば消えてしまいがちです。この瞬間をとらえられるかどうか、面白さの「入口」を見つけて中に入れるかどうかが、仕事に没頭できるかどうかを左右するといえます。

ときに、身近な他者が仕事の面白さを気づかせてくれる場合もあります。

神戸大学の金井壽宏教授は、ミドル・マネジャーのリーダーシップ研究をしているときのことを次のように振り返っています。

「リーダーシップに関する大規模な調査をして、いろいろな統計分析を繰り返して、ある結果が出ました。しかし、私はその結果が面白いとは思えず、がっくりきていたのです。そんなとき、兄弟子である加護野忠男先生が、『おもろいやんけ。その結果はオリジナリティがある』と励ましてくれたんです。それで、よく考えてみたら、ミドル・マネジャーの研究としては理論的に意味のある研究であることにだんだん気づいてきました」

このように、周囲の人の励ましやちょっとしたアドバイスが、面白さの兆候に気づくきっかけになることもあります。

方略2 仕事の背景を考え、意味を見いだす

エンジョイメントを高めるための第二の方略は、仕事の背景を考えて、仕事の中から意味を見いだすことです。

優れたマネジャーは、会社や上司から与えられた仕事に関心や興味を感じない場合、自分なりの目標を設定し、仕事の意味づけを変えていました。

ある財団法人のマネジャーは、新人の頃の経験を次のように振り返っています。

「あるとき、上司から封書の宛名書きの仕事を命じられました。とても単純な作業なので、はじめは『なぜ私がこんなことをしなければならないのか』とイヤイヤ作業をしていました。しかし、しばらくたって、宛名書きをすることにより、『自分の組織がどのような団体と関連しているか』、『取引先のキーパーソンは誰か』を知ることができることに気づいたのです。それからは、宛名書きという作業が大変意味のある仕事と思えるようになり、この作業を通して、自分の組織がどのような位置づけにあるかを把握することができました」

このマネジャーは、宛名書きという一見つまらない仕事をする中で、この仕事によって得られる情報に着目し、「自組織のクライアントを知る」という目標を再設定することで、仕事の中に面白さを発見しています。

次のマネジャーは、外資系宝飾品ラグジュアリー・ブランドの人事部に在籍していたときの経験を語ってくれました。

「フランスの外資系会社に転職して二年目のことです。人事部の人材開発マネジャーをしていたのですが、商品部のマネジャーとともに専務に呼ばれて、『テコ入れしたいアイテムについて研修をする』という仕事が与えられました。しかも、『そのためにパリから人材を呼んでいる』というのです。パリから人が来ると同時通訳を雇わなければならないし、スタッフを東京に集めるのにコストがアップすることが目に見えていたので気のりがしませんでした。しかし、ここで考え方を変えました。この会社では、優秀な販売員は自分のノウハウを開示しないし、全体のボトムアップをはかるOJTがなされていなかったので、このOJTを広げることを自分の目標に設定したんです。高業績の販売員をチームに入れるという条件をのんでもらい、結果的に、このプロジェクトは成功をおさめ、大変でしたけどやりがいを持って仕事ができました」

この事例は、すぐには関心がわかないような仕事でも、仕事の背景を考えて、新たな意味を付け加えることで面白さを感じることができることを示しています。上からの目標を受動的に受けるだけでなく、積極的に新たな目標を設定すると、仕事に意義が生まれます。

人材会社のマネジャーは、次のようなケースを話してくれました。

「以前、国の機関から書類の封入業務を受託しました。しかし、見積もりの計算違いで、外部に出すと収益があがらず、自分たちで封入しなければならなくなったのです。その間に、みな痩せてしまうようなつらい仕事でしたが『封入ダイエットだね』と仕事を意味づけて、ポジティブに取り組みました。十数種類の書類をひとつの封筒に封入するのですが、封筒ごとに入れる書類の種類・数量がバラバラなのです。そこで、どの書類をどういう順番で入れると早く封入作業が終わるかということを徹底的に考えて工夫しました。徐々に作業のスピードもアップし、予定していた期日よりも大幅に早く完了することができ、大きな利益をあげることができました。定型業務でしたが、工夫しながら作業に没頭し、ゴールをクリアすることの喜びは大きいものです」

この事例では、封入という単調なルーチンワークの中に、「工夫して効率を上げる」という目標を設定することで作業に没頭し、大きな喜びを得ることに成功しています。

前述した事例の中でも、給与計算という仕事に携わりながら、いかに業務を効率的にスマートにこなすかという点にこだわって面白さを見つけたマネジャーがいました。

これらのケースからわかることは、リフレクションとエンジョイメントが密接に結びついているということです。一見つまらないように思える仕事でも仕事の意義や背景を考え、内省しながら取り組むとき、面白さを発見することができるのです。

あるマネジャーも、次のように語っています。

「例えば、総務の仕事でも、会社全体における役割を認識すると本質が見えてきます。総務部門にとってのお客さんは、社内の各部署です。各部署の仕事が円滑に進むようにサービスを提供するという本来の役割を考えれば、おのずとやるべきことや、仕事の面白さが見えてきます。無理やり『自分は面白いことをやっているんだ』と思いこみ、仕事の意味をねつ造するのではなくて、正しい解釈をすることで状況の意味が変わります。総務は、会社全体の機能を高めるドライバーになりうるということは正しい認識ですし、そこから自分なりの仕事を創り出していけばいいと思います」

このコメントの中で着目したいのは「正しい解釈をすれば意味を発見できる」という点です。仕事の本質を考えることによって、仕事のやりがいが見えてくるといえるでしょう。

「ルーチンワークばかりで、成長につながる経験が与えられない」、「上から強制された仕事ばかりで、やりがいを感じられない」という悩みを抱えたビジネスパーソンは多いと思いますが、ルーチンワークや上から強制された仕事であっても、「なぜその仕事があるのか」という背景を考えたり、正しく解釈することで、仕事にやりがいが生まれるといえます。

方略3 達観して、後から来る喜びを待つ

エンジョイメント系の学ぶ力の三番目の方略は、「達観して、後から来る喜びを待つ」というものです。インタビューした多くのマネジャーは、仕事の中にやりがいを感じていましたが、常に「喜び」や「楽しさ」を感じていたわけではないようです。

米国に四年半駐在した経験を持つプロフェッショナル・ファームのマネジャーは、次のように振り返っています。

「米国では、それまで日本で体験できなかった多くの学びがあり、自分を成長させてくれた四年半の駐在でしたが、そのときは無我夢中で、終わった後に達成感や楽しさを感じました」

こうした経験は、登っているときはつらいけど、登頂したときの達成感が忘れられずに山登りにはま

るケースに似ているかもしれません。
また、メーカーに勤務していた時代の経験を語ってくれた、コンサルティング会社のマネジャーの声を聞いてみましょう。

「正直言って、ずっと仕事はつらいもの、つまらないものと思っていました。前職でメーカーに勤務していたときのことですが、入社以来、生産現場で原価管理など経理的な仕事を五年間やっていましたが、ずっと電卓をたたいているので面白くはありません。基本的に、この頃の仕事を面白いと感じたことはほとんど記憶にないのですが、一〇年たった今、この経験が役立っていることをしみじみ感じています。というのは、製造業相手にコンサルティングする上で、生産現場の感覚があったり、現場の言葉を使えると、クライアントから信頼されるからです。また、役員や事業部長など、上の人と話すときには、管理会計を知っているかどうかは大きな違いになります。仕事の楽しさは遅れてやってくるのだと思いますね」

このように、下積み時代には、知識やスキルを身につけることで、やりがいや小さな喜びは感じても、その経験の重要性やありがたみは、後になってから理解できることが多いようです。
インタビューしたマネジャーに共通してみられたことは、仕事から得られる「即効的な喜びや楽しさ」を期待していないということでした。あるマネジャーは次のように語っています。

「私の尊敬する上司が『仕事が一〇あったら、そのうち二か三が面白ければ御の字だよ』と言っていましたが、その通りだと思います」

同様に、多くのヘッドハンティング業務を経験してきた経営者は、次のように述べています。

「やりたいことにこだわりすぎる人は伸びません。『サラリーマンとはこういうものだ』と腹をくくり、達観できる人は伸びます。腹をくくり、覚悟を持って臨めば、成長のための根っこができるんです」

「成長実感がない」と焦る若手社員は多いようですが、腹をくくって今の仕事に集中するとき、後から喜びがやってくるといえるでしょう。ただし、ここでいう「達観」とは「目の前の事象にこだわらないこと」、「現実を直視し、物事の本質を見通すこと」であって、「あきらめ」とは違います。あきらめからは何も生まれてきませんが、過剰な期待を持たずに腰を落ち着けて取り組むことによって、「仕事の面白さの兆候」を見きわめることができるのです。

まとめ　仕事の意味を発見する

どんな仕事の中にも楽しみを見いだす、ということはなかなか難しいことです。どのような工夫や努力、意識があると、学びにつながるエンジョイメントを得られるでしょうか。

これまでの方略をまとめてみましょう。まず、仕事を継続する中で、一瞬現れる面白さの兆候を見逃さず、深掘りすることです。

次に、仕事の背景を考えながら、仕事の中に自分なりの意味づけをしたり、新たな目標を付け加えるという方法があります。「この仕事は何のためにやっているのか」、「この仕事から得られる学びは何か」を考えると、一見つまらない仕事の奥に面白さが眠っていることがあります。

三番目の方法は、「仕事とはこんなもんだ」と達観すること、即効的な面白さを追わないという手です。こうした達観がない場合には、不満ばかりがたまり、仕事に集中することができなくなるでしょう。「この仕事で得たことはのちのち何かにつながるだろう」という期待を持ちながら、後から来る喜びを楽しみにすることがポイントになります。

以上の方略からわかることは、エンジョイメント力を高める鍵は、「意味の発見」にあるということです。つまり、はじめから面白い仕事はなかなかあるわけではなく、達観して仕事に集中する中で、面白さの兆候を見逃さず、仕事の背景を考えたり、自分なりの目標を再設定するとき、仕事のやりがいを見つけることができるといえます。

組織研究者のワイクは、状況や物事を何か意味あるものにすることをセンスメイキング（意味形成）と呼んでいます[52]。私たちはセンスメイキングによって、仕事や経験に「意味」を付与し、やりがいを創造することができるのです。

コラム　仕事に関心を持つ「内発的動機づけ」

心理学では、内発的動機づけという概念があります。これは、活動そのものから得られる関心や楽しみによって動機づけられている状態を指します。[53]

前述しましたが、人がどのようなときに創造的になるかを研究しているアマビールは、「外的なプレッシャーによって動機づけられるときよりも、仕事そのものから得られる関心、楽しみ、満足、挑戦によって動機づけられていると感じるときに、人は、最も創造的になる」と指摘しています。[54]

つまり、人は、仕事の内容に関心を持つとき、新しいアイデアや工夫を考え出すことができるのです。

また、人々のキャリアにおいてチャンスは偶然めぐってくるものですが、そうした偶然の機会をつかむことが成長には欠かせません。キャリア論を研究しているクランボルツらは、偶然めぐってくる経験から学ぶには、「好奇心」を持っていることが大事になると指摘しています。[55]

「おもしろおかしく」を社是とする堀場製作所の創業者である堀場雅夫氏（現、最高顧問）は次のように述べています。

「日本人はなぜか仕事とはしんどくて大変なものだと頭に刷り込まれている。もっと自分を大切にせないかんと思います。人生八十年のうちの最も貴重な四十年間を使う仕事が『おもしろおかしく』なくて、何のために生きるのか」[56]

堀場製作所は、一〇年以上にわたり改善活動を行い、大きな成果をあげていますが、評価基準はパフォーマンス（performance）、ラーン（learn）、エンジョイメント（enjoyment）の三つです。[57] このエンジョイメントがあるからこそ、同社の改善活動がマンネリ化や形骸化に陥らずに、成果を上げ続けているといえるでしょう。

このように、関心や好奇心を持つとき、人は活動に没頭し、夢中になることができますが、このような状態をフロー状態と呼ぶことは前述しました。[58]

内発的動機づけやフロー理論は、人間のポジティブな心理状況を重視する「ポジティブ心理学」[59]と呼ばれる流れに属するもので、興味・関心・没頭といった心理状態が学習に好影響を及ぼすことを示唆しています。

ただし、注意してほしいのは、関心や好奇心は、受け身では感じられないということです。組織の中には、関心の持てる仕事、面白そうな仕事がそうたくさんあるわけではありません。本章で紹介したようにつまらなそうな仕事であっても、仕事の背景を考えながら面白さの兆候をとらえることで、その中からやりがいや面白さを見いだすことが可能になるのです。

第3章のまとめ

本章では、経験から学ぶ力の三要素について検討してきました。ポイントは以下のようにまとめることができます。

□ストレッチ：足場形成
挑戦のための土台づくり
周囲の信頼を得る
できることをテコに挑戦

□リフレクション：進行形の内省
行為の中で内省
他者からのフィードバック
批判にオープン

□エンジョイメント：意味発見
面白さの兆候を見逃さない
仕事の背景を考える
達観し、喜びを待つ

第4章

「思い」と「つながり」

三つの力を高める原動力

Learning from Experience

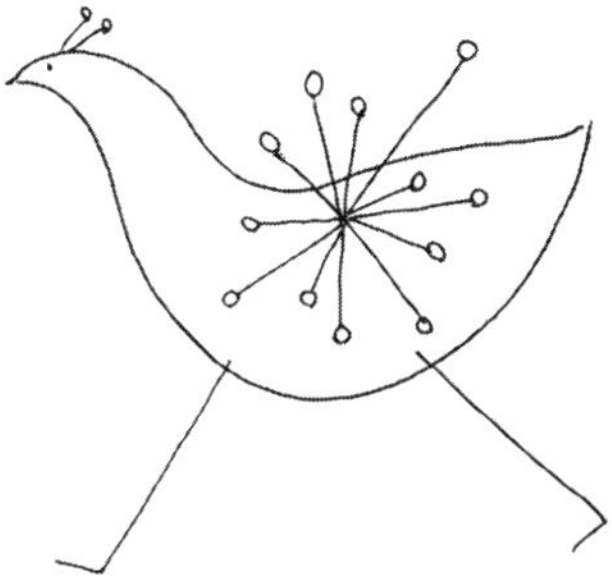

【本章のねらい】

経験学習を支える三つの力は、仕事に対する信念と、他者との関係性によって活性化されることを明らかにします。

前章では、経験から学ぶ力である「ストレッチ」、「リフレクション」、「エンジョイメント」について検討してきました。

ただ、「挑戦すること、振り返ること、楽しむこと」の大切さはわかっているけれども、なかなかそうした気持ちになれない、という方もいるでしょう。これら三要素を自然な行動として身につけ、高いレベルで持続させていくためには原動力が必要になります。

その原動力とは、「思い」と「つながり」です。ここでいう「思い」とは仕事の信念のことを、「つながり」とは他者との関係性を指します。

「仕事を行う上で大切にしている価値や、こだわっていること」など、「思い」としての仕事の信念は、行動や態度を方向づけ、自分の経験を意味づける働きをします。

一方、メンター、ライバル、ロールモデルなど、さまざまな他者との「つながり」によって、私たちは教えられ、刺激を受け、支援されることで成長します。

つまり、経験から学ぶ力の原動力には、「思い」という内なるドライバーと、「つながり」という外からのドライバーの二つが存在します。これら二つのドライバーのうち、どちらが欠けても経験から学ぶことは難しくなるといえるでしょう。

適切な「思い」と、良い「つながり」を持つとき、ストレッチとリフレクションとエンジョイメントが活性化されるのです。

本章では「思い」と「つながり」について、その二つの関わりと、それぞれの強め方について、詳しく解説していきます。

思い

適切な「思い」が成長を決める

仕事の信念とは、仕事とはこうあるべきだという価値観や、仕事をする上で大切にしている考え方のことですが、本書では、仕事の信念を「思い」という言葉で表現します。

知識が、多くの人によって共有された社会的な事実であるのに対し、信念は、個人としての理想や価値を含む主観的な特性を持っています。[60]

信念は、自分を取り巻く世界をどのように見るかを決定するフィルターの役割を果たしたり、態度や行動を方向づけることで、学習活動にも影響を及ぼします。[61] また、信念は、人生観、世界観、仕事観のように、世界をどのように見るかに関するモデルとしても機能していることから、自分を客観的に眺めてコントロールするメタ認知とも深い関係にあります。[62]

ここで注意していただきたいことは、単に、信念としての「思い」が強ければ成長するわけではないということです。適切な「思い」、正しい「思い」を持っているかどうかが問題になります。適切で正しい「思い」とは、自分のことを大切にすると同時に、他者のことを大切にしながら仕事をしたいという「思い」です。
あるメーカーの人事マネジャーは、成長し続けるエース級人材の特徴について、次のように説明しています。

「マネジャーになって伸びる人と止まってしまう人がいますが、止まってしまう人は『これでいいや』と思ってしまう。それ以上伸びるためには、『思い』や『意思』が必要です。エース級の人材は、『俺がやんなきゃダメでしょ』という使命感や責任感、『すげえな、とほめられたい』、『俺のアイデアを商品化して、お客さんをアッと言わせたい』という強い思いを持っています」

エース級の人材にとって、「すげえなとほめられたい」という自分の「思い」と、「お客さんをアッと言わせたい」という他者への「思い」が組み合わさり、成長のエネルギーになっていることがわかります。つまり、適切な「思い」を持っているからこそ、エース級の人材として成長してこれたのです。

第1章でも触れたように、「思い」の変化は、精神的に成長することとも関係しています。

自分への思い、他者への思い

なぜ、自分のことだけでなく、他者のことも考えながら仕事をすることが、適切で正しい「思い」といえるのでしょうか。

その理由は二つあります。一つは理論、もう一つは実証データです。

第1章の精神的成長のところでも述べたように、プロフェッショナリズム研究によれば、高度な知識やスキルを持つと同時に、他者に奉仕することに意義を感じることが、プロフェッショナルの条件となります。[63] つまり、「自分への思い」と「他者への思い」を両方持っている人がプロフェッショナルといえるのです。この「自分への思い」と「他者への思い」は、人間の基本的な動機づけであって、私たちの態度や行動を決定するものだといわれています。[64]

もう一つの根拠は、実証研究の結果です。私は、これまでさまざまな職業に就く方々の仕事の信念を調べてきました。仕事の信念としての「思い」は、個人の理想や価値観と関係しているため、[65] その内容はさまざまです。

しかし、調査データを分析しているうちに、回答の中に大きく二つのグループがあることがわかりました。それが、「自分への思い」と「他者への思い」です。

自分への思いとは、自分の目標を達成したい、周りの人から認められたい、プロとしての力を身につけたいという信念です。

他者への思いとは、仕事上の相手に喜んでもらいたい、相手と信頼関係を築きたい、社会の役に立ちたいという信念です。

ここでいう「仕事上の相手」とは、営業や販売の場合には「顧客」であり、総務・人事・生産部門などの間接部門の場合には、「関係部署、取引先、職場の同僚や部下」になります。

優れた人材、成長している人材の特徴は、「自分への思い」と「他者への思い」の両方を持っている

図表4-1｜仕事の信念の働き

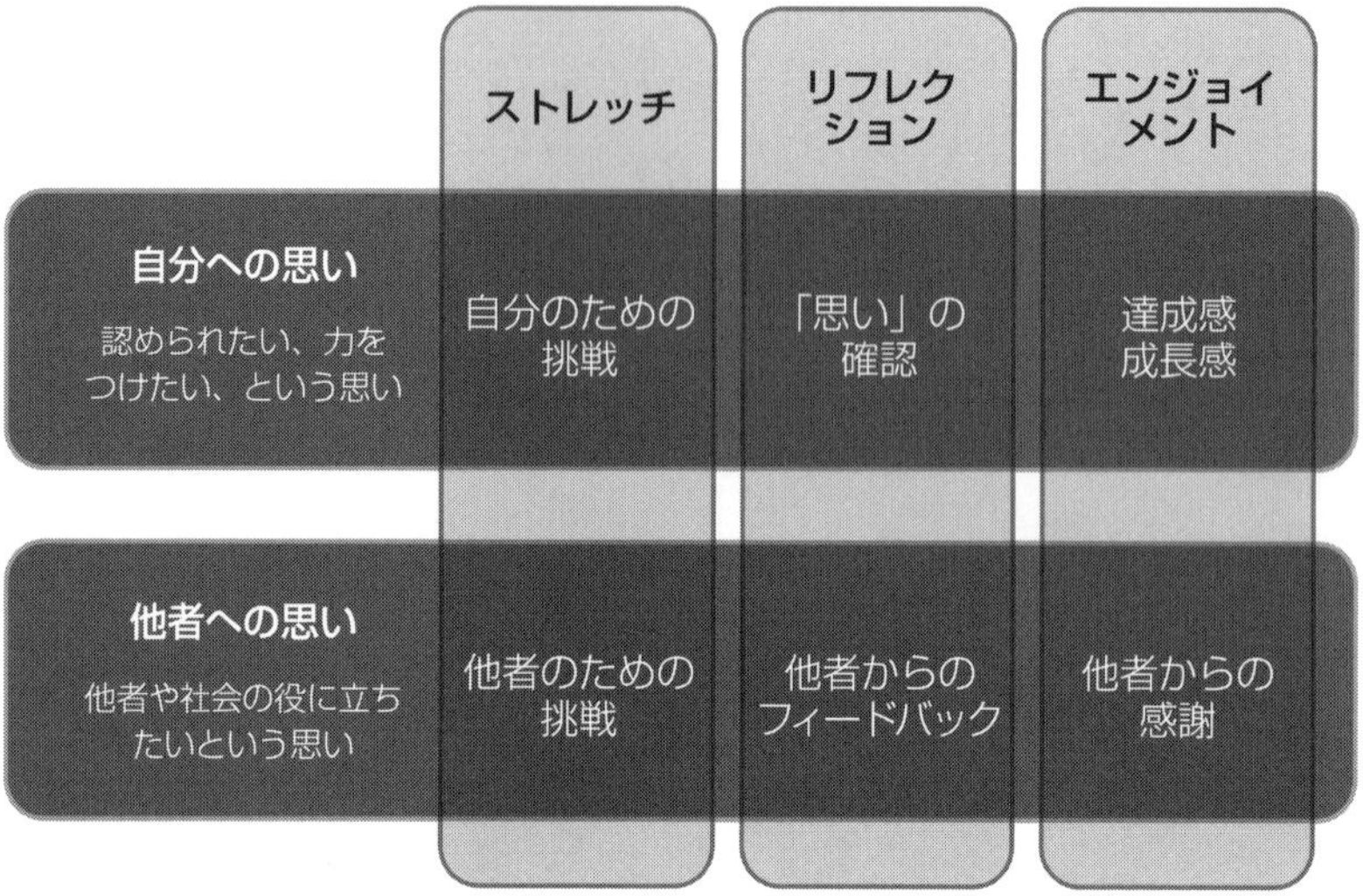

ことなのです。

経験から学ぶ力のドライバー

ではなぜ、これら二つの「思い」がストレッチ、リフレクション、エンジョイメントを高めるのでしょうか。この点についてまとめたものが図表4-1です。

「認められたい、力をつけたい」という自分への思いが強い人は、自分のために高い目標にチャレンジし（ストレッチ）、自分の思いを確認しながら振り返り（リフレクション）、達成感や成長感を感じることで仕事にやりがいを感じます（エンジョイメント）。

一方、「他者や社会の役に立ちたい」という他者への思いが強いと、他者に喜んでもらうために高い目標にチャレンジし（ストレッチ）、他者からのフィードバックをもとに振り返り（リフレクション）、他者から感謝されることで、自分の仕事の意義を実感します（エンジョイメント）。

このように、自分への思いと他者への思いは、経験から学ぶ三つの力を押し上げ、成長のためのドライバーとなるのです。

「思い」の強さが成長につながることについて、出版社のマネジャーは次のように語っています。

「私たち本を作っている者は、『読者のために良い本をつくる』ことと『売れる』ことの二つを要求されていますが、多くの編集者は知らず知らずのうちに『このくらいの面白さでいいだろう』、『このくらい売れればいいだろう』と妥協する気持ちが出てきます。しかし、社内でヒットを飛ばし続ける編集者は、『読者のために良い本を作って、たくさん売れてほしい』という『思い』がとても強いために、こうした誘惑に負けないのですね。つまり、すごい編集者は『思い』が強いので、エンドレスに突き詰めていき妥協しません。しかも、その過程を楽しんでいる感じがします」

このコメントから、売れる本を作るという自分への思いと、読者のために良い本を作るという他者への思いを強く持っていると、自分に妥協せずに、挑戦し続けることができるということがわかります。

顧客のために働くこと

顧客と接する仕事をしている人にとって、最も大切な他者は「顧客」です。ここで、顧客のために働くことは、どのような力があるかについて考えてみたいと思います。

大手小売業で人事部長を務めた経験がある神戸大学の平野光俊教授は、自身の店長時代を振り返って、次のように述べています。

「店のみんなで目標に向かっていくときの喜びや、お客さんに喜んでもらったときの喜びは大きいものです。例えば、セールをみんなで企画したとき、お客さんが並んで開店時間を待ってくださっているのを見ると、心の底から武者震いするような喜びを感じました。そういう日は、口笛を吹いて帰りたい気持ちになるものです」

このコメントから、自分たちの店の売上目標を達成したいという気持ちと、お客さんの喜ぶ顔を見たいという気持ちが、良い仕事をするための大きな原動力になっていることがわかります。

同様に、プロフェッショナル・ファームのマネジャーは、米国に赴任していたときの経験を語ってくれました。

「米国に赴任したとき、当初は、熟達した前任者と比較されてつらかったのですが、クライアントの担当者も変わるので、二、三年すると逆に頼られるようになりました。クライアントに頼られたり、信頼されると仕事にやりがいが出てきます。これはプロフェッショナルの醍醐味ですね」

顧客から信頼されることで、自分の能力に自信を持つことができ、自分の仕事にも誇りや意義を感じることができるのです。

長年、営業担当者の教育に携わっている企業の経営者は、「顧客への思い」が持つ働きについて次のように説明しています。

「長期にわたり高い業績をあげるためには、顧客志向の考え方が必要になります。売上などの業績目標だけにこだわる人は、達成によって自尊心は満たされるけれども、だんだん感動がなくなってきて虚しくなります。数字だけだと感激もしないし、ありがたみもない。これに対し、突き抜けている営業担当者は、お客さんにありがとうと言われる喜びや、信頼される醍醐味を知っていて、どうしたら感謝されるかを常に考えています。『あんただから買う』と言われることが仕事のやりがいにつながっているのです。人の役に立っている、自分が必要とされているという感覚は大きなエネルギーになりますからね」

この経営者が指摘するように、顧客からの感謝や信頼は、長期間にわたって工夫しながら仕事をするモチベーションの源泉になることがわかります。

では、顧客と接することが少ない部署で働いている人は、顧客への思いは必要ないのでしょうか。そうではありません。たとえ内勤の部門であっても、顧客の存在は、自分の仕事のあり方を内省するときに重要な基準となります。

生産部門では「次工程はお客様」という言葉があります。自分の仕事の影響を受ける次の工程の人のことを考えながら仕事をしなさいという意味です。

同様に、法務部や人事部などの間接部門においても、組織内部に顧客は存在します。マーケティング研究者のグメッソンは、自分の仕事の影響を受ける社内メンバーを「内部顧客」と呼び、内部顧客の満足度を高めることを重視しています。[66]

このように、外部の顧客や内部の顧客という「他者」のために働くという目標は、誰が見ても正しい目標であるがゆえに、仕事の意義や喜びを実感しやすく、個人の意欲を大きく高める働きをするのです。[67]

成長したいという思い

ここで、「自分への思い」に目を移したいと思います。

自分への思いは、自分のために働こうとする考え方ですが、大きく二つの思いに分けることができます。一つは、他者から認められたいという思い、もう一つは成長したいという思いです。[68]

他者から認められたいという思いは、「業績目標（performance goal）」ともいわれています。「○○万円の目標数字をクリアしたい」、「部長に出世して尊敬されるようになりたい」、「このプロジェクトを成功させて、皆からすごいと言われるようになりたい」という思い（目標）です。

一方、成長したいという思いは、知識やスキルを習得したり、能力を高めることを目指すもので、「経理担当者として専門性を高めたい」、「顧客とコミュニケーションする力を身につけたい」、「プロジェクトをマネジメントする力をつけたい」といった目標を持つことです。

学術的にいうと、成長したいという思いは「学習目標」と呼ばれ、この思いが強い人は、仕事の成果や他者からの評判よりも、仕事のプロセスから何を学べるかを重視します。

これまでの研究によれば、成長したいという思いである「学習目標」を持つ人ほど、学習意欲、業績、能力、創造性が高いことが報告されています。[69]

あるメーカーでは、私が開発に関わった診断ツールを用いて若手社員の成長したいという思い（学習目標の強さ）を測定しています。この会社の人事マネジャーは、次のように述べています。

「若手社員の診断結果を見ると、職場で伸びている人は、学習目標（成長したいという思い）が高い傾向にあります。これに対し、あまりうまく育っていない若手はこのスコアが低いですね。この結果はとても顕著に出ています」

これに対して、他者から認められたいという思い（業績目標）については、業績や能力を高める効果があるという報告と、あまり関係がないという報告の両方があり、一貫していません。[70]

ただし、他者から認められたいといった承認欲求や、レベルの高い仕事の成果を目指すことで、よりレベルの高い知識・スキルを獲得しようとする気持ちが高まることもあります。このことから、学習目標と業績目標がうまくマッチしているときに成長が促されるといえます。[71]

気をつけなければならないのは、成果や名声を求める業績目標は高いけれども、能力を高めようとする学習目標が低いケースです。ある研究では、学習目標を持つ人は自分の行動を改善する情報を求めようとするのに対し、業績目標を追求する人は、そうした情報を求めようとしない傾向があることが報告されています。[72] つまり、業績目標だけが強くなると、自分の現状を正当化させることばかりに目が行き、自分の課題や問題点から目をそむけてしまう危険性があるのです。

また、たとえ仕事上の成果があがらなくとも、仕事の過程で新たな知識やスキルを得ることはできますので、学習目標を持つ人のほうが、仕事を通してやりがいや成長感といったエンジョイメントを得やすいと考えられます。

以上をまとめると、「自分への思い」には、成果や名声を追う業績志向の思いと、能力や知識・スキルを高めようとする学習志向の思いの二つがあり、いずれもより高い目標へとストレッチする原動力となりますが、学習志向の思いを強く持つ人のほうが、リフレクションを重視し、エンジョイメントを感じやすいといえるでしょう。

要は、学習志向の思いと業績志向の思いがうまく統合されたときに、ストレッチ、リフレクション、エンジョイメントが高まるといえます。

二つの思いを融合する

これまで二つの「思い」について説明してきましたが、顧客への思いを含む「他者への思い」のほうが、「自分への思い」よりも重要である、と思われた方がいるかもしれません。

しかし、これら二つの思いは、どちらが上ということではなく、相互に補完的な関係にあります。

あるコンサルティング会社のマネジャーは、次のように語ってくれました。
「お客様のためにという気持ちを持っていると、一つの案件をきっかけに、自分の幅を広げることができます。一〇〇やればいいところを一五〇やる。それによって自分は成長するし、次のときに生かすことができる。それでお客様にも、『次の仕事も、〇〇さんがやってくれるんですよね?』と言われるとうれしい。お客様の問題を考えて共感できたときや、次もおまえに頼みたいと言われたときに、よしやってやろうという気になります」

つまり、「他者のために頑張ることが、自分の成長につながる」、「自分が成長することで、結果的に他者の役に立つ」という相互補完的な関係が見られるのです。他者に奉仕することを自身の目標とし、それを達成することが、他者からの評価や自分の喜びになるとき、「自分への思い」と「他者への思い」が融合されます。

現在、日本の看護管理学におけるリーダーの一人として、実践と学術の両面で活躍している、ある病院の副院長兼総看護部長は、仕事への思いについて次のように語っています。
「私は、看護師がイキイキと働いて『いい仕事に就いてよかった』と自分たちの仕事に誇りが持てるようになるようお手伝いをしたいと思っています。私の頭の中にはこのイメージが鮮明に見えています。大変な仕事であっても、すべてこの目標につながっているのでつらいとは思いません」

この看護部長は、看護師という他者がイキイキと働けるように支援することが自身の目標となっているという点で、「自分への思い」と「他者への思い」がつながり、それがエンジョイメントやストレッチする力を高めているといえます。
なお、この看護部長は、インタビューの際に、他の看護師＝「他者」という私の解釈にとても違和感を持ち「他の看護師が『他者』とは思えません。なぜなら、自分と看護師とは一体化していますから」とコメントされていました。このことこそ、自分への思いと他者への思いが統合されていることを示しています。
また、化学メーカーの執行役員を経て日本知的財産協会の専務理事を務め、現在は京都大学で特任教授を務める宗定勇氏は、我が国における知的財産の領域のリーダーとして活躍してきた方です。宗定氏は自身の人生を振り返って次のように述べています。

「私は、専門家になりたくて、新入社員のときから知的財産部門に配属してもらいました。知財（知的財産）専門家は知財という専門性を持っていますから、経営者に対して確信を持ってものを言えます。私は、知財の専門家が日本の経済を発展させるために何ができるかを意識しながら仕事をしてきましたし、これからもそのために努力するつもりです」

先ほどの看護部長と同様に、宗定氏の思いも、他者への思いと自分への思いが統合されたものであることがわかります。二つの思いが融合・統合されるとき、成長の大きなエネルギーになるといえるでしょう。

ボランティア活動は他者への奉仕の代表のようなものですが、多くのボランティアは、他者のために働くだけでなく、自分のために働いています。他者から喜ばれれば「自分は良いことをしている」という満足感という報酬を受けることができますし、他者のために働く過程で多くの学びがあれば、それは自分のためになります。

他者のために働くことが自分のためになり、自分のために働くことが他者のためになっている状態を作り出すことが、成長の鍵を握るといえるでしょう。

コラム 利己と利他

プロフェッショナリズム研究では、高度な知識やスキルを持つと同時に、社会や他者に奉仕する気持ちを持っていることが、プロフェッショナルの条件とされています[73]。優れた専門知識を持っているけれども、社会や他者に関心のない人たちは真のプロフェッショナルとはいえません。

自分の得を重視する考え方と他者の得を重視する考え方の両方のバランスをとることは、人生を豊かにすることとも関係しています。

例えば、聖書には「何事でも、自分にしてもらいたいことは、ほかの人にもそのようにしなさい」（マタイの福音書7章12節）という言葉がありますが、この節は聖書の「黄金律（ゴールデン・ルール）」として知られ、キリスト教倫理の最高峰といわれています。[74]

また、仏教でも「自利利他」という考えがあります。自利とは、自己のために努力し修行することであり、利他とは、他の人々の救済のために尽力することをいいます。[75]大乗仏教では、この自利・利他がともに完全に行われることを理想としているようです。

このように、自己と他者への関心を統合させるとき、人間として成長することができるのです。

「思い」のまとめ

仕事の信念としての「思い」のポイントは、以下のようにまとめることができます。

□仕事の信念としての「思い」は、経験からの学びに影響を与える

□「自分への思い」と「他者への思い」が融合するとき、大きな成長のエネルギーとなる

□自分への思いには、認められたいという「業績目標」と成長したいという「学習目標」がある

（つながり）

仕事への「思い」は成長をドライブしますが、この「思い」に影響を与えるのが、他者との「つながり」です。人は独りでは学ぶことはできません。私たちは、他者とのつながりの中で、挑戦しようとする気持ちが高まり（ストレッチ）、自身の行動を振り返り（リフレクション）、仕事の喜びを感じます（エンジョイメント）。

あるマネジャーは、次のように述べています。

「私は、成功した経営者を招いて話を聞くという授業を、ある大学で担当しているのですが、そこで感じたことが一つあります。それは、成功した経営者の多くが、他者から助けられながら成長していることです。彼らに何か問題が起こると、必ずといっていいほど、アドバイスしてくれたり、助けてくれる人が現れます。この授業を通して、人は自分の力だけで成功するのではなく、さまざまな人に支えられながら成長していることを実感しました。もちろん、何もせずにじっと待っていれば助けが来るのではなく、彼らが、助けが来るための努力を惜しんでいないという点も指摘しておきます」

人が成長する上で他者との「つながり」は欠かせません。組織の中で成長している人はさまざまな他者とのつながりに支えられながら仕事をしているのです。

以下では、まず「発達的ネットワーク」という考え方を説明した上で、マネジャーたちがどのようにネットワーク＝「つながり」を築き、そこから学んでいるかを示したいと思います。

発達的なつながり

キャリア研究者のヒギンズとクラムは、個人の成長に影響を与える啓発者との関係を「発達的ネットワーク（developmental network）」と呼んでいます。[76]

ここでいう啓発者（developer）とは、個人の発達を促す幅広い他者のことで、上司、同僚、先輩、部下、後輩、他部署の社員、顧客、社外の取引先、仕事を離れた友人、知人、大学の同期等を含み、そこでの役割もメンターだけでなく、ライバル、ロールモデル（手本）と多様です。

彼らによれば、啓発者との関係が強いほど、また、多様な啓発者と関係しているほど、個人の成長が促されます。逆にいうと、弱い関係や同質的な関係の中にいても成長することができません。

では、私たちは発達的ネットワークから何を得ることができるのでしょうか。クラムらによれば、図表4-2に示すように、私たちは、発達的ネットワークから

①キャリア上の支援

②心理的支援

図表4-2｜発達的ネットワーク

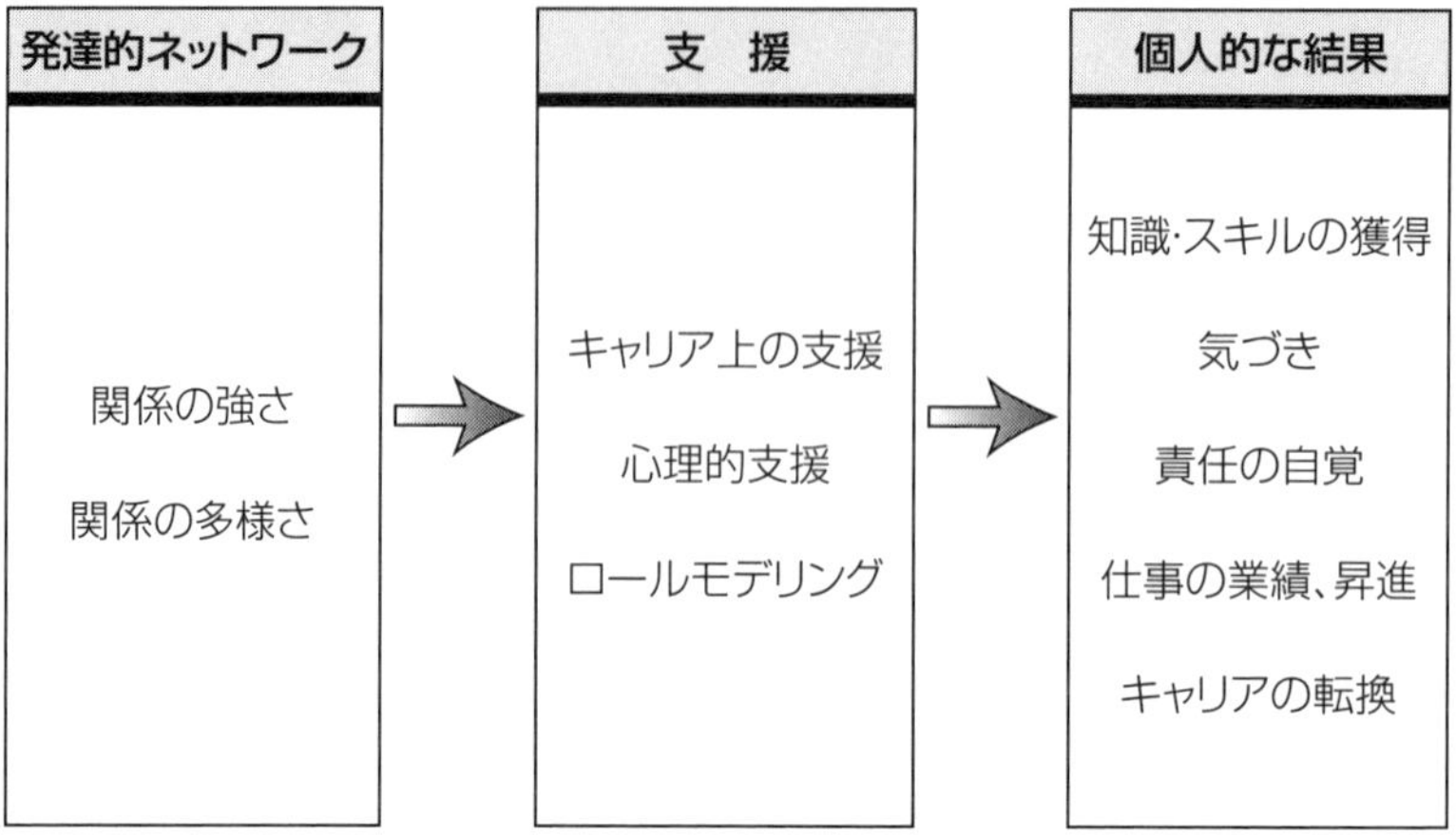

出所：Chandler and Kram (2005) とMurphy and Kram (2010) を基に作成

③ロールモデリング

という三種類の支援を得ています。[77]

キャリア上の支援は、仕事上のアドバイスや、異動や昇進昇格の際の後押し、挑戦的仕事の提供などを含みます。

心理的支援は、同調や共感、励ましと感情面のサポート、気晴らしなどです。

ロールモデリングには、見習うべき行動、仕事をする上での倫理観や価値観のモデル、反面教師などが含まれます。

こうした支援を受けて、私たちは、知識・スキルの獲得や気づきを得て、責任を自覚し、成果をあげ、昇進したりキャリアを転換するのです。

あるメーカーの知的財産部門のマネジャーは、自身のメンターについて次のように述べています。

「私は五二歳のときに、研究開発部門から知的財産部門へと異動になりました。そのときのミッションは『知財部を変えろ』でした。どのように変えたらいいか迷っているとき、たまたま日本知的財産協会の専務理事の講演を聞いたのですが、その内容にインパクトを受けたんです。その後で開かれた懇親会では、その方を一人占めにして話しこみました。それ以降、定期的にその方に会い、知的財産部門のあり方や、日本経済のあり方について議論しています。その方と話していると、私の持っている知識のチップがその方の知識とつながって一つの思想になり、知が創造されていくのが実感できます」

この知財マネジャーにとって、そのメンターの方は、キャリア上の支援者というだけでなく、心理的支援者やロールモデルとして貴重な存在であることがわかります。

また、教育学と経営学の境界領域で「大人の学び」を研究している東京大学の中原淳准教授は、自身が成長し続けていくために、二タイプの人々とのネットワークを大事にしているといいます。

「僕は『安心屋』と『緊張屋』と名付けた人々とのおつきあいを特に大切にしています。安心屋とは、『中原君も頑張っているね』とほめたり励ましたりしてくれる人です。さらに頑張るためには『ほめられること』が必要です。緊張屋とは、『中原さん、このままではダメになるよ』とダメ出ししてくれる人です。緊張屋ばかりだとつらいので数はそんなに多くありませんけど、自分には二人の緊張屋の方がいます。その方々は、自分と似た分野を追いかけていて、それでいて、僕とは違うアプローチや専門性をお持ちの方です。自分とは違う方と敢えてつきあい、ダメ出しされること、違和感を持つことを大切にしています」

このコメントにあるように、心理的支援を提供してくれる人々だけでなく、キャリアの転機に、率直なフィードバックを提供してくれる人との関係を構築することは、リフレクションの質を向上させることにつながるといえます。

マネジャーへのインタビュー調査で明らかになったのは、彼らが、自分の活動領域とは異なる幅広い世界の人々と、深い信頼関係を築いていたことです。

こうした「つながり」の中で、マネジャーたちは、挑戦しようという気持ち（ストレッチ）を高め、自身の問題について内省し（リフレクション）、仕事の中にやりがいや意義を見いだしていたのです（エンジョイメント）。

発達的な「つながり」を構築する方法

では、いかにすれば自分の成長を後押ししてくれる他者と良い関係を結ぶことができるのでしょうか。図表4-3は、マネジャーたちが、どのように発達的な「つながり」を構築していったかについてまとめたものです。

マネジャーたちは、多様で深い発達的ネットワークを構築するために、

図表4-3｜発達的つながりを構築する方法

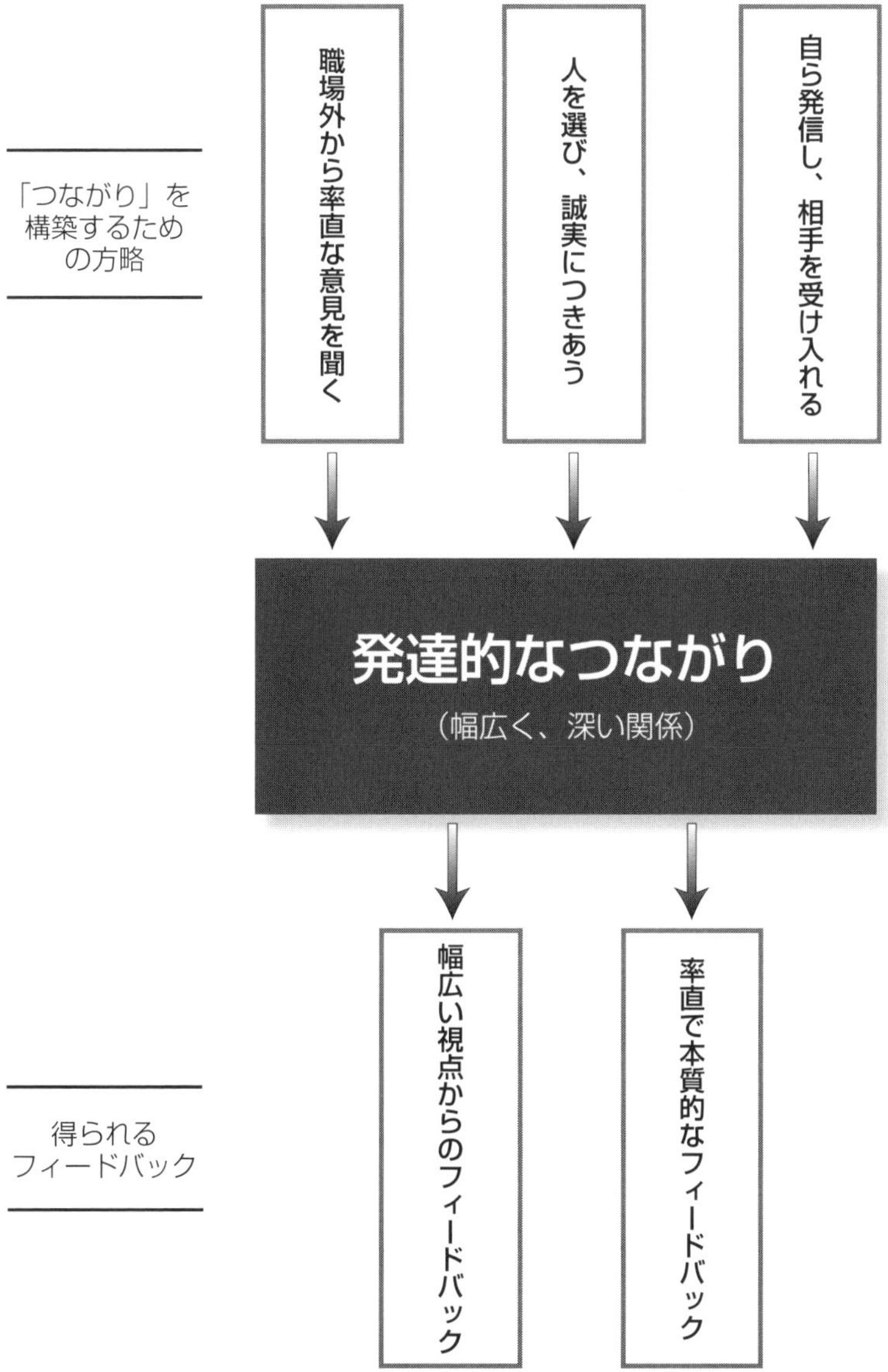

- 職場外から率直な意見を聞く
- 人を選び、誠実につきあう
- 自ら発信し、相手を受け入れる

という方略をとっていました。

つまり、他部署や他組織にいる誠実で有能な他者と、情報をやりとりしながら損得を超えた関係を構築することで、「幅広い視点からのフィードバック」や「本音で語られる、率直で本質的なフィードバック」を得ることができるのです。こうした「つながり」は、私たちが、より高い目標に挑戦し（ストレッチ）、自身の活動を振り返り（リフレクション）、仕事のやりがいや意義を見いだす（エンジョイメント）ことを促してくれます。

以下では、「つながり」を構築する三つのアプローチについて詳しく見ていきます。

職場外から率直な意見を聞く

そもそもなぜ、幅広い範囲の「つながり」を築く必要があるのでしょうか。あるマネジャーは次のように述べています。

「会社内では率直な意見を言ってくれる人が限られているので、最近は、社外でフィードバックを得ることが増えています。先日、ビール会社の経営者の方と話す機会があったのですが、その際に、マネジャーとしての自分の悩みをぶつけてみました。すると、『君の悩みのレベルは浅いね』、『細かいことよりも、まず君は何がしたいのかという観点から考えるべきではないか』という率直なアドバイスをいただきました。この人なら信じられるという人は直感でわかりますので、機会があれば、自分から課題をさらけ出すようにしています」

つまり、役職が上になるほど、社外の人間からのほうが、社内のしがらみにとらわれない自由なフィードバックが得られる可能性が高いのです。

次のマネジャーも同様なコメントをしています。

「管理職になると周りからのフィードバックが減るので、社外にメンターを持ったほうがいいと思います。メンターの条件としては、ある程度のポジションにいる人が望ましいですね。なぜなら、広い視野を持っていることが多いからです。あとは、器が大きいこと。メンターとは、壁打ちの壁みたいなもので、打てば返ってくることが大切です。信頼関係があって、ほめてくれることも大事ですが、ダメ出ししてくれるかどうかがポイント。本気じゃないとダメ出ししてくれませんから」

このコメントから、啓発者の条件としては、単に上の役職に就いているだけでなく、問題の本質をついてくれる能力を持った人で、かつ本気で考えてくれる人であることがわかります。

では、まだ管理職になっていない若手社員の場合はどうでしょうか。あるマネジャーの声を聞いてみましょう。

「メンターは社外のほうがいいし、若いほど相手も受け入れてくれます。四〇歳を超えた人から『メンターになってください』とお願いされても嫌がる人が多いですよ。それに比べて二〇代だったら気軽に話をしてあげられるでしょう」

自分が若いということで躊躇しがちな人もいると思いますが、若いほど受け入れられる可能性があるといえます。

以上のコメントから、率直な意見をくれる職場外（他部署、他組織）の啓発者を探すことが学びにつながるといえます。この点は、発達的ネットワークモデルが示唆する通りでした。また、産業能率大学の荒木淳子講師は、職場の外に出て学ぶ「越境学習」を提唱していますが[78]、マネジャーたちの意見も越境型のネットワークの重要性を示唆するものです。

職場を超えて他者から率直な意見を求めることで、自分の行動を内省し、残すべきものと捨てるべきものを見きわめ、より高いレベルにストレッチすることが可能になるといえるでしょう。

ただここで注意しなければならないことは、「多様なネットワーク」の意味です。ここでは、「たくさんの知り合いがいる」ということよりも、「数は少なくとも、異なる領域の知り合いがいる」という多様性がポイントになります。

人を選び、誠実につきあう

マネジャーたちは、啓発者を選ぶ際に、視野が広いかどうか、また、本気で考えてくれるかどうかを重視していました。

優れたマネジャーが、どのような人と関係を結ぼうとしているのかについて、もう少し深掘りしてみましょう。あるマネジャーは次のように語ってくれました。

「人脈づくりという言葉はあまり好きではありません。どこか打算的な感じがするし、利益を意識した活動のように聞こえるからです。私はできるだけ仕事とは無関係なところで関係を作るようにしています。よくギブ・アンド・テイクといいますが、何かを得ようとテイクを意識してギブするよりも、いろいろとお世話になってテイクしてもらったからギブするという感じでしょうか。恩に報いるということで関係性ができることが多いような気がします。当たり前のことですが、嘘をつかないで、相手の気持ちに立って行動すると、信頼してもらえます。そうしたら、その期待に応えたいと思って一生懸命働く気持ちがおきます」

このコメントから、自分の利益のために関係を作るのではなく、相手から受けた恩を返すことで関係性が生まれることがわかります。一口にギブ・アンド・テイクといっても、どのようにとらえるかで人間関係の質が変わってくるといえそうです。

次のマネジャーも、打算的な関係づくりではなく、仕事とは関係のない中で啓発者を探しています。

「私が直接関わっている業界の人たちはあまり好きではありません。むしろ、業界外の人と仕事以外の話をすることが多いですね。例えば、あるメーカーの本部長の女性と仕事でいっしょになったときに、会社のいろいろな裏話を聞くことができました。仕事に直接役に立たない部分がむしろ面白かったですね。『君は仕事の話をしないよね』とよく言われますが、そのほうが信用してもらえるでしょう。仕事目当てでつきあっていることがプンプン匂うコンサルタントもいますが、そういう人は信用できません。人間としてつきあいたい人は、『プロであること』、『使命感を持っていること』、『誠実であること』、『視野や生き方が広い、構えの大きい人』です」


このマネジャーは、たとえ仕事関係で出会った人であっても、仕事以外の話をすることを通して、ビジネスという枠を超えて、人間としてつきあおうとしています。また、「プロであり、使命感を持ち、誠実で、視野が広い人」とつきあうことで、仕事を超えた学びにつながる関係性を重視していることがわかります。

別のマネジャーも、他者に相談するときには、人を選ぶと答えています。

「他人から意見やアドバイスをもらうときには『この人だったら良いフィードバックをしてくれそうだ』

という人を選びます。条件としては、人に関心を持っていて、何かと気にかけてくれる人。私と違う世界にいて、私とは違う能力を持っている人でしょうか。他社を含めて、打ち合わせや勉強会などでたまたま会ったときに、雑談の中で相談することが多いです。『今日はこの人にフィードバックをもらおう』と思って会うわけではありません。飲み会や研究会の休み時間などで雑談するときに、話を振ってみるという感じでしょうか」

これらのコメントから、成長するマネジャーの「つながり」づくりには共通点があることがわかります。つまり、自分の利益を意識せずに、自分とは異なる世界にいる人々と、誠実な態度でつきあうことで深い関係を築くことができるのです。

社会における信頼を研究している北海道大学の山岸俊男教授は、嘘をつかず正直であることが、信頼関係を築く上で最大の戦略であると述べていますが[79]、優れたマネジャーもこの点を理解しているといえるでしょう。

自ら発信し、相手を受け入れる

啓発者が見つかったとして、その人と関係を結ぶためには、どのようなアプローチをとればいいのでしょうか。誠実に対応するということのほかに、マネジャーが重視していたことは、自分から発信することと、他者の意見に真摯に耳を傾けることでした。あるメーカーのマネジャーは、若手社員が「つながり」を作る際のポイントを語ってくれました。

「要は、自分から発信できるか、他人の意見が聞けるかどうかということです。自分から意見を発信すれば、上司や先輩はフィードバックをくれます。例えば『この仕事はつまらない』と言えば、『俺も同じように思った。しかし、下積みの経験がその後に生きてくる』というような答えが返ってくる。その意見を真摯に受け止めて聞くと気づきもあるし、相手はもっと話してくれるようになります」

別のマネジャーも同様に発信することの重要性を指摘しています。

「ネットワークを作るには発信することです。情報は無料じゃありません。ギブ・アンド・テイクです。五回ぐらいギブしたら、一回くらい何かが回ってきます。みんなのためになることを発信すると、誰かが反応します。それを繰り返す中で、ネットワークができていくのです」

このように、自分から意見を発信してはじめて、他者からのコメントやアドバイスを受けることができるといえます。次のマネジャーも、自分から声をかけて、相手の意見を聞くことを重視しています。

「基本的には自分で考えて、どうしてもわからないことを教えてもらうようにしています。『こう考えたんだけど、どう思いますか』というスタンスです。こちらから出ていかないとなかなか意見がもらえませんから。上司やお客さんには『私はこう考えますが、どうですか?』と聞き、部下にはストレートな表現だけど、少しあいまいな形で聞いて、『何を言っても大丈夫だ』と思ってもらうことが大切だと思います。自分の行動や仕事について何らかの意見をもらうには、たとえ納得できなくても相手の言っていることを受容することです。でないと次にフィードバックがもらえなくなります。そのときには納得できないことでも、一〇年たってみると正しかったということが少なからずあるので、とりあえず自分のデータベースに入れておくようにしています」

このコメントにあるように、たとえ共感できなくともすぐに拒否するのではなく、とりあえず頭の片すみに置いておくという姿勢が大事になりそうです。

あるマネジャーは、意見を発信するときに、本音で話すことの大切さを指摘しています。

「よき師を見つけるには、本音で話すことです。本音で語らないと相手も本音で話してくれません」

以上のコメントからわかるように、やみくもに意見を発信するのではなく、まずできるだけ自分で考えた後に、本音で意見を述べ、相手の意見に賛同できないときにも、とりあえず受容し、それを記憶の中にとどめておくという態度が、相手から信頼されるポイントになります。

社会的交換理論によれば、人は、経済的な報酬だけでなく、社会的報酬を交換しながら関係を構築しています。情報、関心、受容なども社会的報酬ですので、これらを積極的に与えることで、他者との間に強い関係を構築していくことができるのです。

コラム　発達的ネットワーク

人を成長させる「つながり」である発達的ネットワークですが、ヒギンズとクラムは、図表4-4に示すように、「関係の強さ」と「関係の多様さ」という二軸によって四タイプに分類しています。[80]

関係の強さとは、本人と啓発者が、互恵的（ギブ・アンド・テイク的）で親密な関係があり、頻繁にコミュニケーションしている程度を意味します。

一方、関係の多様さとは、関係している啓発者のバックグラウンド（年齢、性別、人種、所属組織）にどのくらいバリエーションがあるか、啓発者同士がどのくらい顔見知りかを指しています。

発達的ネットワークは、これら二つの次元によって、関係が強くかつ広い「起業家的ネットワーク」、範囲は狭いが強い関係の「伝統的ネットワーク」、範囲は広いが関係が弱い「機会主義的ネットワーク」、範囲は狭くて関係も弱い「受動的ネットワーク」に分類されます。

四タイプのうち、個人の成長を促すという観点では、「起業家的ネットワーク（広

図表4-4｜発達的ネットワークのタイプ

		啓発者との関係の強さ	
		弱い関係	強い関係
啓発者との関係の多様さ	同質的関係	受動的ネットワーク	伝統的ネットワーク
	多様な関係	機会主義的ネットワーク	起業家的ネットワーク

出所：Higgins and Kram (2001) を基に作成

く強い関係）」が最も望ましく、次に「伝統的ネットワーク（狭いが強い）」が優れていると考えられます。

困ったときに親身になって助けてくれる人が、他組織、他業種に存在するケースは起業家的ネットワーク、同じ職場などに存在するケースは伝統的ネットワークにあたります。

これに対し、「機会主義的ネットワーク（広いが弱い）」や「受動的ネットワーク（狭く弱い）」は、個人の成長を促す力が弱いといえます。

例えば、さまざまな分野に知人がおり、携帯電話にたくさんのアドレスが登録されているけれども、いざというときに助けてくれる友人がいないケースは、機会主義的ネットワークにあたります。そもそも困ったときに相談する相手がいない場合には、受動的ネットワークしか持っていないといえます。

会社を超えた異業種の勉強会や研究会などは、多様な人々とつながることができるという意味で、発達的ネットワークを構築するための手がかりになります。そこでのポイントは、何でも率直に言い合える相手を見つけることができるかどうかにかかっています。つまり、勉強会や研究会に参加するだけでなく、そこで信頼できる人と強い関係性を作ることができるかどうかが、発達的ネットワークを構築できるかどうかを決めるのです。

「つながり」のまとめ

多様な啓発者との深い関係（発達的ネットワーク）が成長を促します。

マネジャーたちは、多様で深い他者との関係を構築するために、次のような方略を用いていました。

□職場外から率直な意見を聞く

□人を選び、誠実につきあう

□自ら発信し、相手を受け入れる

つまり、「外部性（職場外の関係）」、「誠実さ」、「積極性（自ら発信する）」、「受容性（相手を受け入れる）」が、発達的なつながりを作るキーワードとなります。

「経験から学ぶ力」のまとめ

さて、ここで第3章・第4章の内容をまとめておきましょう。

これまで説明してきた「経験から学ぶ力」を要約したのが、図表4-5に示したモデルです。

このモデルは経営学や心理学の理論を下敷きにしつつ、マネジャーに対するインタビュー調査のデータを分析する中から浮かび上がってきたものです。

「ストレッチ」とは、挑戦的な課題に取り組む姿勢のことですが、職場で仕事を選ぶことはなかなかできません。優秀なマネジャーは、目標を高めることよりも、むしろ高い目標に挑戦するための足場づくり、つまり挑戦の準備作業を重視していました。足場ができれば、めぐってきた挑戦をとらえることができ、他者から提供される挑戦的仕事を引き寄せることができるからです。

「リフレクション」とは、自分の行動や経験を内省し、振り返ることです。ただし、優秀なマネジャーは、過去にこだわったり、閉ざされた中で内省するのではなく、進行形の内省をしていました。つまり、行為の最中に内省したり、内省のための材料であるフィードバックを他者からもらったり、批判にオープンになって未来へ向けて内省していたのです。

「エンジョイメント」とは、やりがいや関心を持って仕事に臨み、達成感や成長感を味わう力です。調

図表4-5｜経験から学ぶ力のモデル

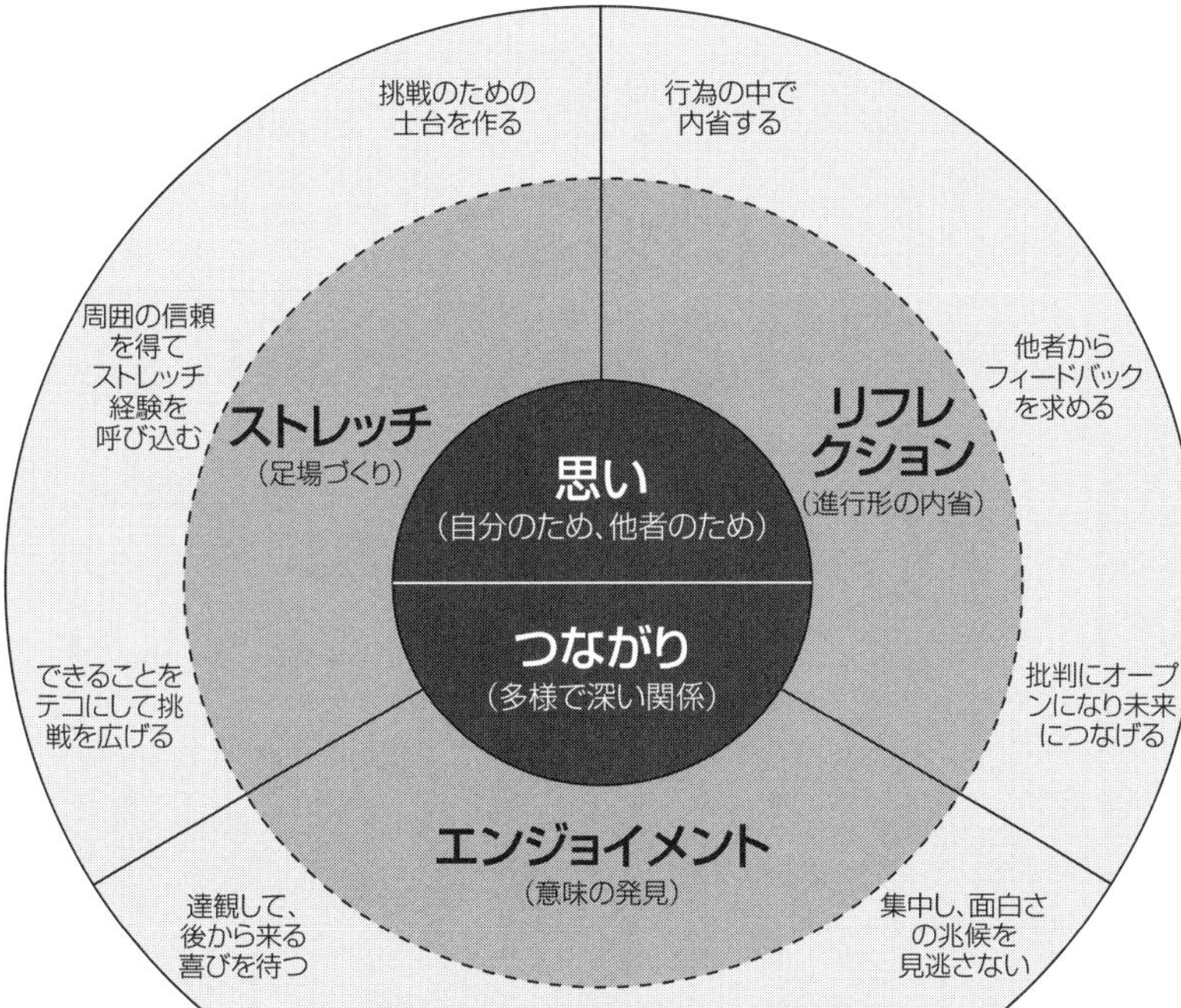
仕事の背景を
考え、意味を
見いだす

査からわかったことは、自分の興味や関心を追求するというよりも、仕事をする中で意味を発見することが大切になるということです。そのためには、仕事の背景を考えたり、面白さの兆候を見逃さない姿勢が求められます。

こうした三要素を後押しするのが、「思い」と「つながり」です。

「思い」とは、自分が仕事において大切にし、重視している考え方です。成長するためには、自分への思いと、他者への思いを融合することが重要になります。つまり、自分のために働くことが、結果的に他者のためになり、他者のためになることが、自分の喜びにつながるような「思い」を持つことにより、能力的にも精神的にも成長することができるのです。

「つながり」とは、他者との関係性を指します。成長するためには、自分とは違う領域の人から、本質的なフィードバックをもらえるような、多様で深い関係に基づく発達的なつながりを築くことが大切になります。そのためには「職場外から率直な意見を聞き」、「人を選び、誠実につきあう」、「自ら発信し、相手を受け入れる」姿勢が必要となります。

以上が経験から学ぶ力のモデルです。このモデルからわかることは、人が経験から学ぶ上で他者が大きな影響力を持つということです。その意味で、ＯＪＴ（オン・ザ・ジョブ・トレーニング）の役割は大きいといえましょう。

本書の理論的な貢献は、これまでさまざまな分野で断片的に研究されてきた「経験から学ぶ力」を「ストレッチ、リフレクション、エンジョイメント」の三つの要素に「思い、つながり」という原動力から成るモデルによって説明した点が挙げられます。

また、次章で紹介する「育て上手のＯＪＴ指導者調査」では、このモデルを支持する結果が得られました。このことは、本書で示した経験から学ぶ力のモデルが妥当であることを示しています。

第５章では、ＯＪＴ指導者が、若手の経験から学ぶ力をいかに伸ばしているかについて検討します。

第5章

学ぶ力を育てるOJT

育て上手な指導者のノウハウ

Learning from Experience

【本章のねらい】

職場で経験学習を実践するための方法を、「ＯＪＴ指導者調査」の分析結果を踏まえて解説します。

「職場で行われる教育・訓練」のことをＯＪＴといいます。[81] ＯＪＴとは「オン・ザ・ジョブ・トレーニング（On-the-Job-Training）」の略で、通常は一対一の指導です。[82] ある人事マネジャーは、ＯＪＴの現状について次のように述べています。

「長年、マネジャーを見ていると、育てるのがうまい人と、部下をつぶす人が確実にいることがわかります。人材を育てるには、育て上手のマネジャーを見きわめて、その人の下につかせることが大切です。逆に、部下をつぶす危険人材は、マネジャーからはずしてスペシャリストとして働いてもらうことも必要です。しかし当社では、手がつけられていません」

ＯＪＴは、企業の生産性を高め、離職を防止する効果があるといわれていますが、[83] その方法は現場任せにされており、実態はよくわかっていません。

企業を調査していると、人事部のマネジャーから次のような声をよく聞きます。

「どのように若手を指導していいかわからない管理職が多い」
「人によって教え方がバラバラである」
「指導方法のスタンダードづくりが難しい」

そこで私は、若手を育てるのがうまい指導者の特徴を明らかにするために、「育て上手のＯＪＴ指導者調査」を実施しました。この調査でわかったことは、育て上手な人ほど、若手の「経験から学ぶ力」を引き出している、ということです。

本章では、この調査データをもとに、後輩や部下の「経験から学ぶ力」を高める方法について考えます（詳しい調査手続きは「コラム」で説明しました）。

OJTのサイクル

まず、育て上手の指導方法を検討するため、OJTの流れを設定しました。そのために用いたのが、企業でよく使われる「PDCAサイクル」です。

PDCAサイクルについて簡単に説明しましょう。PDCAとは、何をすべきか計画を立て（P：Plan）、実行に移し（D：Do）、その結果を評価し（C：Check）、改善する（A：Action）というサイクルを指し、仕事の流れを管理するときによく用いられます。[84] どのような仕事であっても、このPDCAの観点からとらえることができます。

このPDCAに沿って、OJTサイクルを考えると図表5-1のようになります。

すなわち、P段階では、目標を設定し、その目標を実行するための計画を立てます。D段階では、計画に取り組み、障害や困難に直面した場合にはそれに対処します。C段階では、区切りのよいところで実行の結果を評価します。そして、A段階では、何が良かったのか悪かったのかという教訓を引き出し、次の目標を設定します。なお、PDCAは、経験学習サイクルの四ステップとも対応しています。

図表5-1｜OJTのサイクル

PDCAサイクル	OJTサイクル	経験学習サイクル
P（計画）	目標を設定する 計画を立てる	新しい状況に 適用する
D（実行）	取り組む 障害に対処する	具体的経験を する
C（評価）	結果を評価する	内省する
A（改善）	教訓を引き出す 次の目標を設定する	教訓を 引き出す

このように、本書のＯＪＴのモデルは、ＰＤＣＡサイクルという仕事を管理するための考え方と、経験学習サイクルという人材育成の考え方に基づいて作られています。

コラム　「育て上手のＯＪＴ指導者」調査の概要

「育て上手のＯＪＴ指導者調査」の手続きは以下の通りです。ただし、詳しい手続きに関心のない方は読み飛ばしていただいて結構です。

(1)予備調査

まず予備調査として、民間企業六社に勤務する「教え上手の社員」一八名に対して、自由記述の質問紙調査およびインタビュー調査を実施しました。この予備調査によって、教え方のスキルに関する項目（一七六項目）を抽出し、質問票を作成しました。

(2)本調査

次に、民間企業二二社に勤務する「若手社員の指導を任されている社員」一四一〇名およびその上司に対して質問紙調査を実施しました。今回はそのうち入社一～五年目の若手を指導している七一五名の社員のデータを用いています。

質問紙調査の中で、ＯＪＴ担当者には、各ＯＪＴサイクルについて、「どのような指導をしているか」（指導スキルに関する一七六項目）を七段階で回答してもらいました（「常に実施している⑦」から「まったく実施していない①」）。

また、彼らの上司には、対象となった社員の人材育成能力を次の二項目で評価してもらいました（「まったくその通り⑦」から「まったく違う①」）。

- 職場において教え方のうまさに定評がある
- 部下・後輩の育成能力に定評がある

これら二項目の平均値を「人材育成能力」の指標としました。

(3)データ分析

分析では、相関分析を用いて、「人材育成能力」と関係の強い「指導スキル」項目を抽出しました（一％水準以下で有意な相関が見られた項目）。

次に、これら項目群を因子分析という手法を用いて分類したところ「目標のストレッチ」、「進捗確認と相談」、「内省の促進」、「ポジティブ・フィードバック」という四つのグループに分かれました（合計二三項目）。

本書で紹介するのは、ここで明らかになったＯＪＴ指導の内容です。[85]

調査でわかったこと

この調査の対象者は、若手や新人の指導を任されているOJT指導員（二二社に勤務する七一五名）です。彼らがどのような「指導方法」をとっているかを質問票による自己評価で測定すると同時に、彼らの上司に、彼らの育て上手度を評価してもらいました。これら二種類のデータをもとにして、育て上手な指導員がどのような指導方法をとっているかを統計的に分析したのです。

その結果、育て上手の指導者は、図表5-2に示すように、「目標のストレッチ」、「進捗確認と相談」、「内省の促進」、「ポジティブ・フィードバック」という四つのカテゴリーからなる指導方法をとっていることが明らかになりました。

図表5-2で示したように、これら四つの指導方法は、PDCAサイクルや経験学習サイクルに対応しています。

すなわち、育て上手の指導者は、①「計画」を立てるときには、若手がより高い目標に挑戦するように励まし、②「実行」時には、相談しやすい雰囲気を作って仕事の進み具合について確認し、③仕事の成果を「評価」するときには、成功や失敗の原因を考えさせるなど内省を促し、④教訓を引き出したり「改善」する場合には、改善ポイントだけでなく、必ず良い面もフィードバックする傾向にありました。

これら四つの指導方法は、ストレッチ、リフレクション、エンジョイメントの三要素とも対応してい

図表5-2 | 育て上手な指導者の指導方法（OJT サイクル）

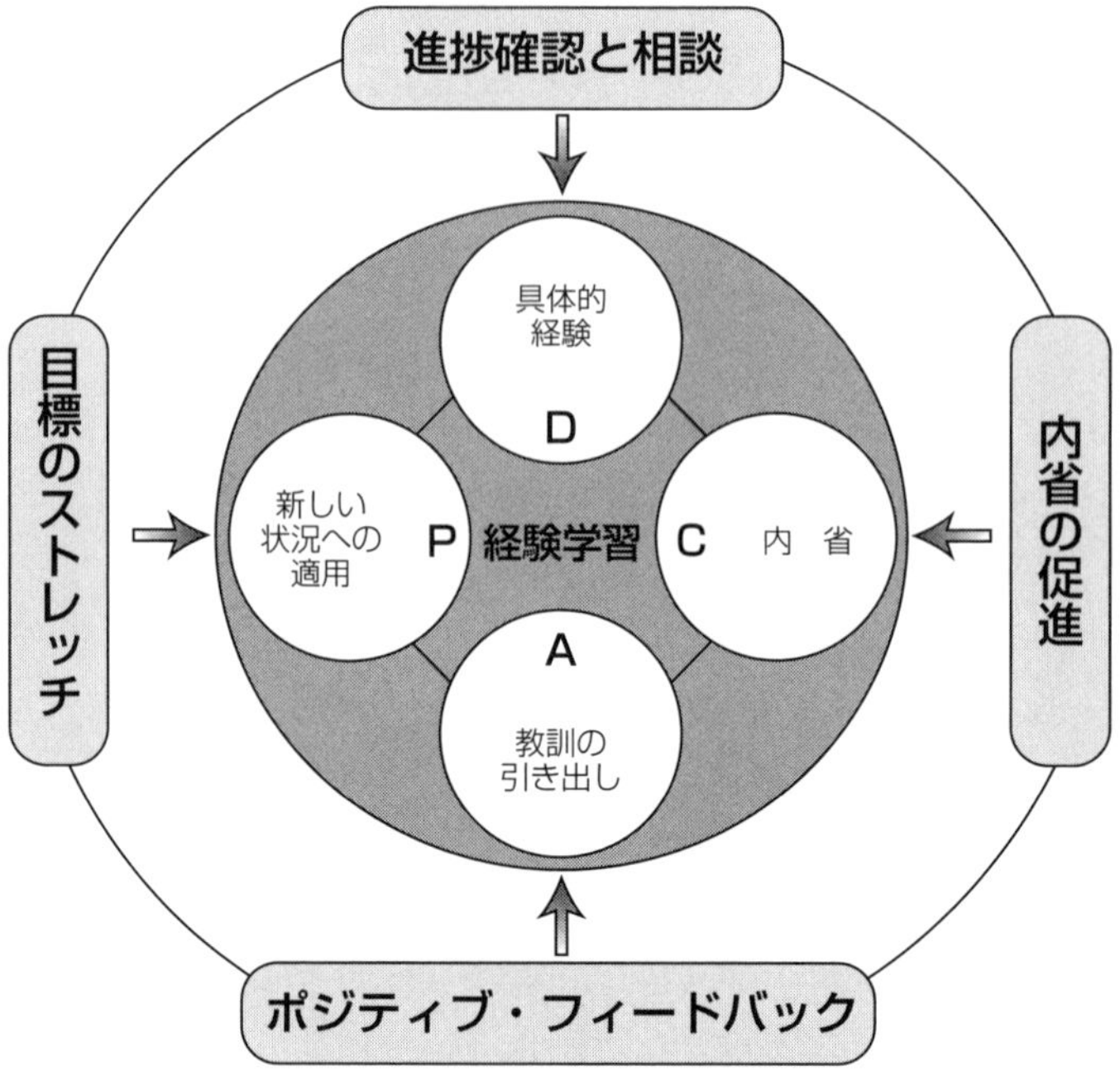

ます。つまり、育て上手の指導者は、目標を引き上げ（ストレッチ）、相談や進捗を確認しつつ、内省を促し（リフレクション）、ポジティブな面をフィードバックして自信をつけさせることで（エンジョイメント）、若手が経験から学ぶことを支援していたのです。

このように、個人の経験学習サイクルは、ＯＪＴサイクルと同期しており、ＯＪＴ指導者は、個人の経験から学ぶ力を促していたのです。

調査の分析結果と「経験から学ぶ力のモデル」が一致していたことは、本書で提示したモデルの妥当性の高さを示しています。

以下では、これら四つの指導方法を、マネジャーの声とともに紹介します。

育て上手の指導者は、やみくもに目標を引き上げることはしません。図表5-3にあるように、目標をストレッチする指導方法には三つのエッセンスがありました。

目標をストレッチする

第一に、懸命に手を伸ばせば届く目標を立てさせることです。現状の能力で達成できる目標だけでなく、努力すれば達成できる「適度に難しい目標」を持たせることが大切になります。ある成長企業のマネジャーは、若手の育成について次のように述べています。

「はじめのスタートダッシュが大事です。ここで修羅場を経験させます。自分の力量×一・五倍の仕事をさせることで若手は伸びます。ただし二倍になるとつぶれる人が出てくるので注意しなければなりません。ほったらかしは禁物です。人によってフォローの仕方は違いますが、仕事を因数分解してあげたり、ヒントを出したり、やってみせたりすることで本人の負担も減り、実現可能な目標になります。目標が高い場合には、仕事を分解して、やるべきことを分け、一つずつつぶしていくように指導すればよいのです」

コメントの中にある「一・五倍」という負荷の感覚は人によって違うでしょうが、懸命に手を伸ばせば届く目標を持たせることの重要性は多くのマネジャーが指摘していることです。通常は「一・二倍」

図表5-3｜目標をストレッチする指導方法

目標のストレッチ	懸命に手を伸ばせば届く目標を立てさせる
	成長のイメージを持たせる
	成長を期待していることを伝える

くらいの負荷が「適度に難しい」と感じる人が多いようです。注目したいのは、このマネジャーが、さまざまなサポートによって若手の負担感を軽減させ、やればできそうな目標に変換している点です。

第二のエッセンスは、自分が成長したときのイメージを持たせていることでした。育て上手の指導者は、短期的な目標だけでなく、長期的な目標を若手に考えさせ、「仕事を通して自分にどういうスキルが身につくか」を理解させることを重視していました。

あるOJT担当者は、若手の目標をストレッチするときのポイントを、次のように話しています。

「まず、どういう社会人になりたいのか、本人の目指す姿を確認します。長い目で見た目標ですね。次に、半期の目標について話しますが、自分がしっかりイメージがつくまで考えた上で掲げた目標や取り組みなのか、実現可能な範囲でストレッチ目標を掲げているかを確認します。『わかりました』を簡単に連発している場合は、イメージできていないことが多いので注意が必要です。基本的には否定しませんが、優先順位がつけられていない場合や、業務上実行できそうもないスケジューリングの場合はアドバイスをするようにしています」

第三のエッセンスは、成長を期待していることを言葉で伝えることです。目標を強制的に引き上げるのではなく、「この仕事を通して成長してほしい」という思いを若手に伝えることは、成長意欲を高める効果があります。

つまり、高い目標を押しつけるのではなく、あくまでも本人が納得した形で、短期・長期のストレッチ目標を、明確にイメージさせることが鍵となるのです。

若手のストレッチ系の学ぶ力を引き上げるポイントは、「適度に難しい目標を立てさせ、成長のイメージを持たせ、期待すること」にあるようです。

進捗を確認し、相談を促す

ＯＪＴの第二段階は、進捗を確認し、相談を促すことです。彼らの指導方法は、図表5-4のようにまとめることができます。

第一に、育て上手の指導者は、若手からの報告を待っているだけではなく、報告があがってこない場合には、指導者側から声をかけていました。ホウ・レン・ソウ（報告・連絡・相談）を若手に強要するのではなく、自分から働きかけているのです。

ある人事部のマネジャーは、次のように述べています。

図表5-4｜進捗確認と相談の指導方法

進捗確認と相談	
	こちらから声をかける
	定期的に個別ミーティングを行い しっかりと聞く
	こまめに時間をとり、 取り組みが見えるようにする

「『最近の若手はホウ・レン・ソウが足りない』と文句を言うマネジャーが多いのですが、部下からホウ・レン・ソウしてもらいたいと思ったら、自分からホウ・レン・ソウしろ、と言いたいですね」

あるマネジャーは、若手への「声かけ」の大切さについて次のように語っています。

「普段の仕事の中で声をかけることが大事です。挨拶するということは心を開くことを意味します。個人の情報を常に頭に入れておいて、声をかける。声をかけるということは『あなたのことに関心を持っています』ということです。畑に『肥え（肥料）』をまいて育てるのと同じように、人間も『声』をかけると育ちます」

この「声かけ」は、育て上手の指導者やマネジャーに一貫して見られる特徴です。日々、後輩や部下を気遣い、彼らの成長を願っている気持ちが「声かけ」に現れるといえるでしょう。

第二の指導方法として、進捗状況を把握できるように、定期的に個別ミーティングを持ち、じっくりと話を聞くことが挙げられます。

これまで多くの人材を育成してきたマネジャーは『聞き切る』ことの大切さを強調しています。

「ミーティングでは、とにかく相手の話を聞くことが大事です。Listen, Listen, Listenです。そして、聞いているときはできるだけメモをとる。真剣に聞きます。しっかり聞いて、『聞き切った』と思えた後にちょっとアドバイスします。しっかり聞いた後にアドバイスすると、その内容がスーッと相手の心に入りますが、聞き切らないうちにアドバイスすると心に入りません。相手の立場になりきることです。『なぜ、なぜ』と責める質問ばかりしていては相手を袋小路に追い詰めてしまうので注意が必要です。ただ、間違っているな、ズレているな、と感じたら『どうしたらいいと思う?』と聞くようにしています。ズレているなと思っても、その場で指摘せず、メモをとっておいて後からアドバイスします。料理長が最後に一つまみ味付けするだけで料理が引き締まるように、ちょっとだけサジェスチョンする。その際、自分で決めさせることが大切です。そして、後で『あれ、どうなった?』、『うまく対応できている?』とモニタリングします。これは部下にとって結構キツイことですよ」

「Listen, Listen, Listen」とあるように、相手の話を「聞き切る」ことで、若手は「自分を受け入れてくれた」、「自分のことを尊重してくれている」と感じ、指導者を信頼し、指導者のアドバイスやサジェスチョンを素直に受け入れることができるようになります。また、指導者は、若手の考えや取り組みを把握することができるので、適切なアドバイスができるようになります。

逆に、若手の話を聞き切る前に、途中でさえぎって意見を述べると、信頼関係は生まれず、若手も指導者のアドバイスを吸収できなくなるのです。

第三の指導方法は、こまめに時間をとって、取り組みが見えるような環境を作っていたことです。つまり、定期的に決められた日に個別のミーティングを持つだけでなく、必要なときに、こまめに時間をとり、若手がどのような取り組みをしているかを理解することが大事になります。日々の「声かけ」と、定期的なミーティングの中間に位置するのが「こまめな話し合い」でしょう。

育て上手の指導者は、このように後輩や部下と頻繁にコミュニケーションすることを心がけ、「手をかける」よりも「目をかける」、「教えさとす」ことよりも「聞く」ことを重視する傾向にありました。

ここで説明した「進捗確認と相談」は、次に紹介する「内省を促す」とともに、若手のリフレクション系の学ぶ力を促進する指導方法であるといえます。

内省を促す

ＯＪＴの第三段階は、何らかの成果が出たところで若手の内省を促すことです。図表5-5に示すように、そのポイントを三つにまとめました。

第一に、成功、失敗にかかわらず、「なぜうまくいったのか、うまくいかなかったのか」を考えてもらい、本人の言葉で語らせます。このときの鍵は、本人が納得しているかどうかです。

次のマネジャーは、メールを用いた手法を使って部下の内省を促しています。

図表5-5｜内省を促す指導方法

内省の促進	成功失敗の原因を本人に語らせる
	成功失敗のパターンを認識させる
	より良い方法を考えてもらう

「私は普段の指導で振り返りを大事にしています。私は部下に対して、毎週、①うまくいったこと、②うまくいかなかったこと、③うまくいかなかった原因、④うまくいかせるための打ち手、の四つをメールで送ってもらうようにしています。これはどこかの会社が提唱する手法だったと思うのですが、私は『セルフコーチングメモ』と呼んでいます。できる人は、うまくいったことがたくさんあり、うまくいかなかったことについても原因分析と打ち手が明確です。できない人は、うまくいかなかったことがたくさん出てきますが、その原因と打ち手が不明確なのですね。そういうときには『じゃあ、明日、話をしようか』と面談してフィードバックすると、だんだん『うまくいったこと』が増えてきます。できる人にはコーチング的に関わり、できない人には具体的なアドバイスをするガイド的な関わり方をしています」

毎週定期的にこうした内省メモを書かせることは、自身の経験を「本人の言葉」で語らせることにつながり、若手の経験学習サイクルを回す上で役立つと思われます。このマネジャーは、うまくいかなかったことの原因と対策に焦点を当てているようですが、うまくいったことの要因についても内省させると、より効果があるかもしれません。

第二のポイントは、成功パターンと失敗パターンを認識させ、意識づけて定着させることです。振り返る際には、失敗ばかりに目が行きがちですが、なぜ成功したのかを考えることが大事であることを、育て上手の指導者たちは強調していました。

同じことを、アテネ・北京オリンピックの金メダリスト・北島康介選手のコーチだった平井伯昌氏も指摘しています。

> 「試合で泳いだあと、成績が悪かったり、ミスしたときには、『どうしてダメだったのか?』誰でもがそう考えるはずだ。もちろん、そうした反省も必要であることはたしかだ。だが、もっと大切なのは、調子が良くて記録も上がったときに、『どうして良かったのか?』と考えることである。(中略)選手の泳ぎはいつも順調に行くわけではない。必ず崩れるときがくる。そのときに、『なぜ、あのときできたのか』それがわかっていないと、調子を元に戻せなくなってしまう。いちばん大切なのは、悪くなったときの『リカバリー能力』なのだ[86]」

ビジネスの世界でも、調子の良いときと悪いときがあります。調子の良いときこそ、その理由や原因をしっかり内省し、意識づけすることにより、経験からの学びが深くなるのです。

この点について、伝説の国語教師である大村はま氏は、教師の研修会で次のようにアドバイスしています。

「みなさんも何かうまくいったこと、うまい発言ができたり、うまい指導ができたりすることがあるでしょう、教室の中で、ぱっと。それをすばやく書きとめておいて、自分の宝になさるとよいと思います。それはびっくりするような自分の栄養になるものです[87]」

ここでいう「栄養」とは、自分のノウハウであり、心の糧、自信のようなものでしょう。以上のコメントから、経験を内省する際には、失敗と成功の両方に目をくばることが大切になることがわかります。育て上手の指導者の第三のポイントは、現状の能力で満足させないように、成功した場合には、より合理的な方法がなかったか、できなかったことは、どうすればできるようになるかを考えさせているところです。この指導方法には「リフレクション」だけでなく、「ストレッチ」的な要素が入っているといえます。

「成功失敗の原因探求」、「成功失敗のパターン」、「より良い方法」を考えるという三つのポイントを見ると、育て上手の指導者は、単に過去を振り返るだけでなく、振り返った内容を将来につなげる進行形のリフレクションを促していることがわかります。

ポジティブ・フィードバック

育て上手の指導者の最後の特徴は、問題点を指摘する際に、ポジティブな面も同時にフィードバックしていることでした。その要素は、図表5-6のように三点で説明することができます。

第一に、成功失敗にかかわらず、まずは労をねぎらう言葉をかける、という点です。

あるマネジャーは、次のように話してくれました。

「どんなに文句を言いたいときでも、まずは『お疲れさん』の一言から入ります。相手も『怒られるんじゃないか』と思ってビクビクしていますから、労をねぎらう言葉がけによってリラックスできるようです。その後で、じっくりと話を聞き、改善しなければならない点ははっきりと指摘します」

たとえ大きな失敗をしても、すべての仕事内容に問題があるというケースは少ないでしょう。まず、その人なりに努力したことを評価することで、若手の側も、自分の問題点を直視する準備ができるといえます。

第二の要素は、まず良い点を伝えてから、問題点を指摘することです。

ある育て上手の指導者は、次のように述べています。

「フィードバックするときには、まず良かった点をほめて、その後に『ここを直せばもっと良くなる』という言い方をするように心がけています。そうすると、若手は言われたことを受け入れて前向きに取り組むことができます。結果が悪くてもプロセスの中にどこか良かった点はあるはずですから」

このコメントにあるように、同じ情報をフィードバックするときにも、「悪い点→良い点」よりも「良

図表5-6｜ポジティブ・フィードバックの指導方法

ポジティブ・フィードバック	成功失敗にかかわらず まずは労をねぎらう
	まず良い点を伝えてから 問題点を指摘する
	普段の仕事の中で 成長したと感じた部分を伝える

い点→悪い点」という順番のほうが、受け手の吸収能力を高めることができるといえます。

注意してほしいことは、ポジティブ・フィードバックとは、ただ手放しでほめることではなく、「成長した点＋改善すべき点」をセットにしてフィードバックすることで、より成長してほしいというメッセージを伝えることを意味している点です。

ポジティブ・フィードバックの第三の要素は、普段の仕事の中で成長したと感じた部分を伝えることでした。つまり、定期的なミーティングや面接の場だけでなく、日常の仕事状況において、何気なくメッセージを伝えることが重要になります。

フィードバックの仕方について、教え上手のマネジャーは次のように語っています。

「ちょっとした時間を作って、『目標としている人物像にどこまで近づけたか』、『何ができるようになったか』を伝えるようにしています。他の人と比べてしまうと、まだまだと評価してしまいがちなので、本人の過去の状態と今の状態を比較して、後輩自身が『具体的に○○ができるようになった』ことがわかるように話すことを心がけています。

以前と比べれば、必ずどこか成長しているはずです」

他人と比較するのではなく、本人の能力の伸びに着目して、ポジティブな面をフィードバックしていくことが本人の自信につながることがわかります。

別のマネジャーの声も聞いてみましょう。

「コミュニケーションについては、従業員の勤務時間帯がバラバラであるため、苦労をしています。会議などで連絡するのが通常ですが、なかなか末端まで浸透しません。そのために、作業場で、または通路などですれ違うときにできる限り会話をするようにしています。その際、一〇のことを話して一つくらい相手の心に残ればいいと考えています。話の内容は、将来のキャリアの話が多いかもしれません。『君は～が得意だから、～に向いているのとちがうか』、『～を目指したら』というように、なるべく長所を伸ばす形で話を振ることが多いです」

仕事の合間のコミュニケーションが重要になるのは、「進捗確認と相談」における「声かけ」と共通した特徴です。日常的に声をかけることで、相手に関心を持っていること、気にかけていることが伝わり、若手のモチベーションや指導者への信頼が高まるといえます。

以上のように、ポジティブな評価を織り交ぜながら仕事の成果をカジュアルな形でフィードバックすることで、若手の成長感や自信を高め、エンジョイメント系の学ぶ力を育むことができるのです。

図表5-7｜年次による指導方法の違い

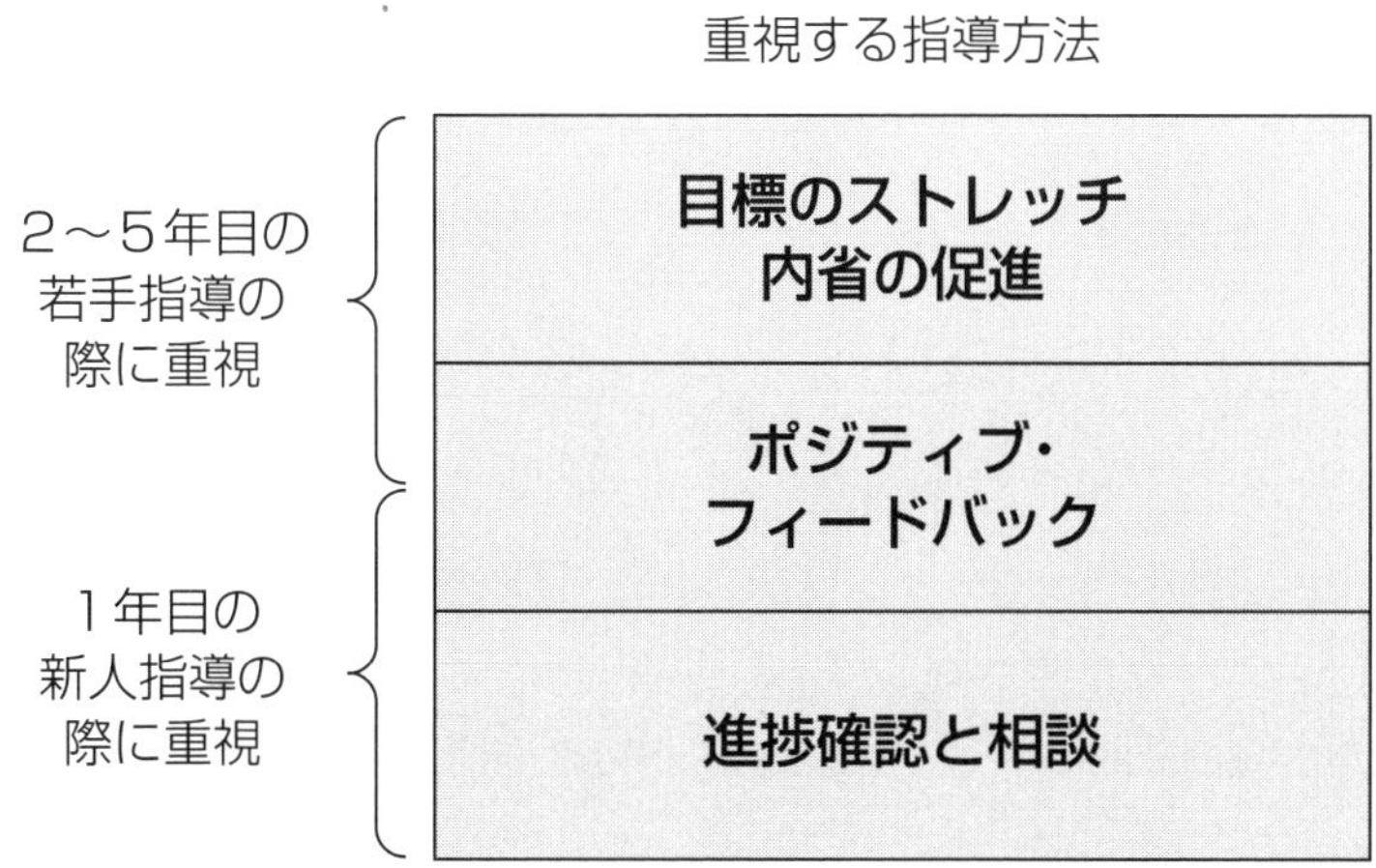

注：上記はあくまでもウエイトの違いを示しているだけで、基本的には4つの指導方法すべてが重要になる

年次により指導方法を変える

ここまで、育て上手の指導者のスキルである「目標のストレッチ」、「進捗確認と相談」、「内省の促進」、「ポジティブ・フィードバック」という四つの方法について見てきました。

データをさらに分析してみると、OJT指導者は、一年目の新人と、二～五年目の若手では、指導方法を少し変えていることがわかりました。[88] そのイメージを示したのが、図表5-7です。

OJT指導者は、一年目の新人を指導するときには「進捗確認と相談」を重視していました。まだ右も左もわからない新人に対しては、声をかけ、頻繁に話を聞いてあげて、取り組みが見えるようにすることが大事になるのです。

これに対し、二年目以降の若手を指導するときには、「目標のストレッチ」と「内省の促進」

を強化していました。だいぶ仕事がわかってきた段階では、目標を引き上げて、しっかりと結果を振り返らせる必要が出てくるからです。

一方、ポジティブ・フィードバックは、年次に関係なく重視していました。もちろん、これら四つの指導方法は、どの年次においても欠かすことができないものです。ただ、年次によって、若手社員の能力や発達段階は違いますので、その点を考慮しながら多少メリハリをつけて指導している実態が調査分析の結果、明らかになりました。

人材をつぶす指導者の特徴

組織には、育て上手な指導者がいれば、育てるのが下手な指導者もいます。調査では、「人材をつぶす傾向」を次の二項目で測定しました。

「過去に部下・後輩をつぶしたことがある」
「過去に部下・後輩との関係で問題を起こしたことがある」

これら二項目の平均値スコアをもとに、OJT指導者七一五名を「人材をつぶす傾向」が高い人と低い人に分けました。人材をつぶす傾向が高い人がどのような指導方法をとっているかを統計的に分析したところ、図表5-8のような結果が得られました。[89]

図表5-8｜人材をつぶす指導者の指導方法

指導方法	指導対象	
	1年目の新人	2〜5年目の若手
目標のストレッチ	不足	過剰
進捗確認と相談		
ポジティブ・フィードバック	不足	
内省の促進		

人材をつぶす傾向が高い指導者は、一年目の新人を指導するときに、「目標のストレッチ」と「ポジティブ・フィードバック」のいずれもが不足していました。これは、「成長のイメージを持たせたり、成長を期待する」こと、「成長している点を伝える」ことが不足しているためだと思われます。つまり、「放ったらかし」の指導方法をとっているのです。

一方、人材をつぶす指導者は、二年目以降の若手を指導するときに、「目標のストレッチ」が過剰になる傾向がありました。「懸命に手を伸ばしても届きそうもない目標」を持たせたり、「過度に成長を期待」することによって、つぶれてしまう若手が出ると思われます。

要は、「一年目の放置と、二年目以降のスパルタ」の取り合わせが、人材をつぶしてしまう指導者の特徴といえるでしょう。

人材の成長にとって不可欠となる「目標のストレッチ」ですが、過剰になると人材がつぶれてしまう、という点が難しいところです。これについては、第2章で説明した「よく考えられた実践」の条件の一つである「適度に難しい課題」を設定できるかどうかがポイントになります。

そうはいっても、ときに、きわめて難易度の高い仕事に取り組ませなければならないこともあるでしょう。そのようなときには、「進捗確認と相談」や「ポジティブ・フィードバック」を強化することで、本人の負担感を和らげ、達成に向けて後押しすることが大切になります。

OJT力をアップする

これまで「育て上手のOJT指導者」、「人材をつぶすOJT指導者」の特徴について見てきました。本章の最後に、「どうしたらOJT力をアップできるか」について考えたいと思います。具体的には、OJT力をアップするために二つのツール（道具）を用意しました。

第一のツールは、図表5-9に示す「OJT診断チェックリスト」です。このチェックリストは、本章の内容をもとに作成したもので、簡単に自分のOJT力を自己診断することができます。各カテゴリーの点数が1点以下の場合には、指導力不足と考えたほうがいいでしょう。自己診断によって、自分のOJT力の「強み」と「弱み」が見つかるはずです。

また、お互いによく知っている同僚や先輩、あるいは後輩や部下がいれば、彼らに頼んであなたの指導力をチェックしてもらうことも可能です。自己診断と他者診断を比較することで、「やっているつもりでやっていなかった点」や「意外とできている点」がわかると思います。

第二のツールは、「OJTリフレクション・シート」です。図表5-10に示したOJTリフレクション・シートは、日々の仕事の中での、自分の指導方法を具体的に振り返るためのツールです。

図表5-9｜OJT 診断チェックリスト

育て上手の指導方法		チェック ✓	合計点
目標のストレッチ	懸命に手を伸ばせば届く目標を立てさせている		
	成長のイメージを持たせている		
	成長を期待していることを伝えている		
進捗確認と相談	こちらから声をかけている		
	定期的に個別ミーティングを行い、しっかり聞いている		
	こまめに時間をとり、取り組みが見えるようにしている		
内省の促進	成功失敗の原因を本人に語らせている		
	成功失敗のパターンを認識させている		
	より良い方法を考えてもらっている		
ポジティブ・フィードバック	成功失敗にかかわらず、まずは労をねぎらっている		
	まず良い点を伝えてから、問題点を指摘している		
	普段の仕事の中で成長したと感じた部分を伝えている		

注：✓ 一つにつき1点で換算し合計スコアを記入する

図表5-10｜OJT リフレクション・シート

指導期間	～	若手の当初の能力	

プロセス	うまくいった点	うまくいかなかった点
目標設定		
実行		
振り返り		
学びの抽出		

若手の成長内容
指導上の課題

まず、指導する対象である若手が、指導前にどの程度の能力であったかを記入します。次に、指導上うまくいった点といかなかった点を「目標設定、実行、振り返り、学びの抽出」というＯＪＴプロセスごとに記入します。

最後に、若手の成長内容、および指導上の課題（至らなかった点や「今度はこうしたい」という今後の工夫）を記入して終わります。

図表5-11は、このＯＪＴリフレクション・シートの活用サイクルを説明したものです。

まず、各自がＯＪＴのリフレクション・シートを使って成功事例や失敗事例を記入し、ワークショップ等で共有します。集まった事例は「事例集」としてまとめますが、この中からＯＪＴのエッセンスを抽出すれば「ＯＪＴマニュアル」を作ることができます。

この活用サイクルを回すことによって、ＯＪＴマニュアルを改訂し、バリエーションを増や

図表5-11｜OJT リフレクションシートの活用サイクル

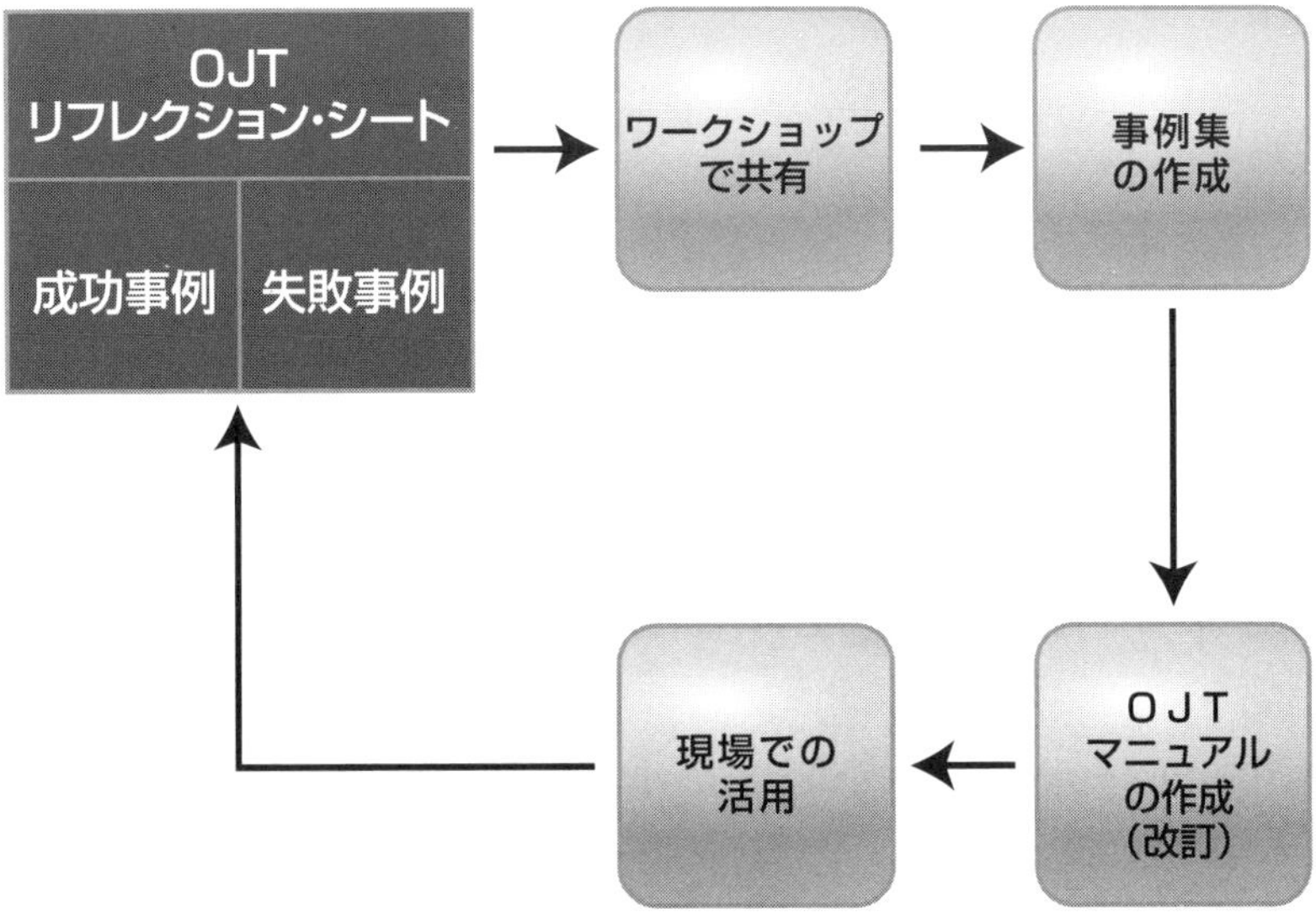

していけば、企業独自のＯＪＴノウハウが蓄積されるでしょう。

例えば、「素直でおとなしい若手」、「元気がよく、走りながら考える若手」、「細かいことが気になる若手」など、若手のタイプごとにＯＪＴマニュアルを作ることもできます。

また、「大雑把な指導者」、「細かい指導者」、「感情的な指導者」など、指導者のタイプごとに、各自の長所を生かした指導方法や、陥りやすい落とし穴などを、事例を交えてまとめるのも良いかもしれません。

コラム　伝統的なOJTの手法

第一次世界大戦のとき、米国のチャールズ・アレンという技術者は、造船現場の人材育成を効率的に実施するために、次のような四ステップから成る指導方法を考えました[90]。

①やって見せる（show）
②説明する（tell）
③やらせる（do）
④チェックする（check）

つまり、①教える側が「どのようにすべきか」の手本を見せて、②「なぜやるのか」、「ポイントは何か」を言葉で説明し、③教わる者にその作業を実際にやらせてみて、④その作業をチェックし、正しく行ったときにはほめ、改善すべきところはフィードバックを与える、という教え方です。

この手法は、その後の米国や日本の生産現場における人材育成にも大きな影響を与えています。

なお、第二次世界大戦時の海軍大将・山本五十六の有名な言葉、「やってみせ 言って聞かせて させてみて ほめてやらねば 人は動かじ」は、まさにこの四原則と一致しています。

しかし、日本の職人教育において実際に、このOJT手法が用いられてきたかというと、必ずしもそうではありません。日本では、「背中を見て覚えろ」という教え方が主流だからです。

一方、ドイツでは、職業学校に通いながら職場で働いて学ぶデュアルシステムによって職人が養成されています。このシステムでは、標準化されたカリキュラムが整備され、教える側は「言葉で説明する」ことが求められるのが特徴です。[91]そして、職場ではアレンが提唱するOJT手法が用いられています。

では、ドイツと日本の職人のレベルの違いはどうなっているのでしょうか。ドイツで修業したある日本人の家具職人が日本に帰って来たとき「ドイツに比べて、日本の職人のほうが高い技術を持っている」と感じたそうです。[91]

これは、日本では訓練の過程において自分で考えて工夫することが求められるために「ノウイング」の質が高まり、その結果として超一流の人材が育つためだと考えられます。

しかし、長期間の忍耐が必要である日本の伝統的徒弟制は、弟子が地味な修業に耐えうる「強い意思」を持っていることを前提にしているため、脱落者も多く、多人数を効率的に育てる方法だとはいえません。

以上のように、両者を比較すると、ドイツのデュアルシステムは一定水準の職人を大量に育成するのに適した制度であり、日本的な徒弟制は少数の超一流を育てるのに向いていると考えられます。

第5章のまとめ

若手の学ぶ力を高めるOJTのあり方は、次のようにまとめることができます。

□育て上手の担当者は「目標のストレッチ」、「進捗確認と相談」、「内省の促進」、「ポジティブ・フィードバック」に力を入れている

□若手の発達段階によって、指導方法を変える必要がある

□新人を「放置」したり、二〜五年目の若手の目標を「ストレッチしすぎる」と人材をつぶす危険性がある

第6章

学ぶ力を高めるツール

チェックリスト、カルテ、キャリアシート

Learning from Experience

【本章のねらい】

経験学習をより効果的に実践し、成長を促すための、三種類のツールを紹介します。

本書をここまで読み進めた人の中には

「経験から学ぶ力の内容はわかったが、職場において、どうやって経験から学ぶ力を高めればよいのか」

という疑問を持った人がいると思います。

本章では、職場において、経験から学ぶ力を高めるためのツールを紹介し、その活用方法について説明します。

三種類の診断ツール

本書では、経験から学ぶ力を診断したり把握するために、次のようなツールを作成しました。

- 経験学習力チェックリスト
- 経験学習カルテ
- 経験キャリアシート

経験学習力チェックリストは、経験から学ぶ力の現状を簡易的に診断するためのチェックリスト形式のシートです。

経験学習カルテは、日々の仕事を進める上で、一週間ごと、一カ月ごとといったように短期的に経験を振り返るためのツールです。

経験キャリアシートは、キャリアの節目において、数年単位の長期的なスパンで経験を振り返るためのシートです。

以下では、これら三種類のツールを簡単に紹介しましょう。

ツール1 経験学習力チェックリスト

経験学習力チェックリストは、第3章と第4章で紹介した経験から学ぶ力（ストレッチ、リフレクション、エンジョイメント、思い、つながり）がどの程度あるかを簡易的にチェックするためのシートです。各項目を読み、自分に当てはまる場合には☑をつけてください。これが一点に換算されます。各セクションのスコアが二～三点であればＯＫですが、一点以下の場合には、経験から学ぶ力に問題があるといえます。

自己診断が終わったら、次に、同じチェックリストを使って、身近な他者にあなたを評価してもらうという手もあります。日ごろのあなたの態度や行動をよく知っている友人・同僚・先輩・上司の中で、気軽に話し合える人を選ぶとよいでしょう。

自分は「やっているつもり」でも、他者から見ると不十分に映ることも多いものです。自己診断と他者診断の結果を比べることで、あなたが見えていない問題が浮き彫りになります。

図表6-1｜経験学習力チェックリスト

経験から学ぶ力		チェック ✓	合計スコア
ストレッチ	挑戦のための土台づくりをしている		
	周囲の信頼を得てストレッチ経験を呼び込んでいる		
	できることをテコに挑戦を広げている		
リフレクション	行為をしながら振り返っている		
	他者からフィードバックを求めている		
	批判的な意見にも耳を傾けている		
エンジョイメント	仕事の面白さの兆候を見逃さないようにしている		
	仕事の背景を考えて、意味を見いだしている		
	即効的楽しさを追わず、後から来る喜びを待っている		
思い	自分のことだけでなく他者のことを考えて働いている		
	業績や成果だけでなく、能力の向上を目標としている		
つながり	職場外から率直な意見を聞いている		
	人を選び、誠実につきあっている		
	自ら発信し、相手の意見を受け入れている		

注：✓ 一つにつき1点で換算し合計スコアを記入する

そして、自己評価と他者評価のギャップをオープンに話し合うことにより、多くの気づきを得ることができます。振り返りや話し合いの結果を踏まえて、自身の姿勢や行動を修正すれば、経験から学ぶ力が向上するでしょう。

また、職場のメンバーが集まり、ワークショップ形式で自己診断・他者診断を共有する方法もあります。これによって、他者診断を一歩進め、より広い視点から自分の態度や行動を見きわめることができます。

さらに、こうした自己診断・他者診断を定期的に行い、個人や職場で診断と改善を習慣化することも可能です。個人レベルでも、職場レベルでも、一回だけの「やりっぱなし」では効果は期待できません。毎年あるいは三カ月～六カ月に一回は、自身の経験・態度・行動を振り返ってチェックすると、変化が見えてきます。

モラールサーベイと呼ばれる社員の意識調査を定期的に実施している企業がありますが、経験から学ぶ力についても定期的な調査を行うことが可能です。つまり、個人レベルではなく、職場レベルでスコアを集計することで、職場における経験から学ぶ力がどのように推移しているかを把握することができるのです。

ツール2 経験学習カルテ

日々の仕事の中で、経験から学ぶ力を意識しながら経験を積むためのツールが、経験学習カルテです。

図表6-2に示したように、この枠組みは、コルブの経験学習モデルの四ステップ（具体的経験→内省→教訓→新しい状況への適用）を「経験したこと」と「学んだこと（内省＋教訓）」の二ステップに簡素化したものです。

まず、仕事で経験したことを記入し、次にそこから何を学んだのかを振り返ります。振り返るときには、その経験を踏まえて、次に心がけることを意識してください。

これに加えて、どのような姿勢で仕事に向かったかについて「ストレッチ、リフレクション、エンジョイメント」の三点から記入する欄を設けました。具体的には、その経験が「挑戦的な課題であったのか」、「仕事をする中で、自分でよく考え工夫して取り組んだのか」、「その仕事からやりがい、意義、面白さを感じたか」を五段階で評価します。これら三つの点が高いほど、成長を促す経験といえます。

図表6-2の例は、ある人材教育会社の営業をしているマネジャーのカルテです。大阪と名古屋で、若手社員向けの教育プログラムを説明したときの経験を振り返り、今後の仕事を改善するための学びを引き出しています。

こうしたカルテを毎週、毎月、あるいはプロジェクトごとに記入しながら仕事に取り組むことで、経験学習の質を高めることができると思います。上司・部下の面談や、職場でのミーティングで活用するとより効果的でしょう。

例えば、職場のメンバーそれぞれが、一カ月のうち、最も印象に残った仕事上の出来事は何か（経験したこと）、そこからどのような教訓を得て、それを次の機会にどのように生かすのか（学んだこと）について、経験学習カルテに記入します。それを、毎月の定期的な上司との面談や、職場全体の会議で発

図表6-2｜経験学習カルテ

1日～1カ月の経験を振り返る

期　間	8月24日～8月25日
仕事内容	大阪、名古屋で商品紹介セミナーの講師を務めた

経験したこと	**学んだこと**
既存ユーザー3社の活用事例について説明したが、参加者にお願いしたアンケートでは、「事例の数が少ない」という意見が複数あった。	活用事例は、導入を考えている企業にとって、きわめて重要であることがわかった。バリエーションのある事例を、少なくとも5社分は用意すべきだと思う。
入社2年目、3年目向けの教育教材を具体例を示しながら説明したが、学習効果を実感させることができなかった。	まだサンプル数（過去の事例）が少ないため、学習効果を納得させることはそもそも難しい。より説得力のある別の説明を考える必要がある。

経験の姿勢	**ストレッチ**	挑戦的な課題であった	その通り ⑤ ④ **③** ② ① 違う
	リフレクション	よく考え工夫しながら実施した	その通り ⑤ ④ **③** ② ① 違う
	エンジョイメント	やりがい、意義、面白さを感じた	その通り ⑤ **④** ③ ② ① 違う

表し、上司や同僚からコメントをもらうことで、リフレクションの力を向上させることが期待できます。

他者を交えて経験のリフレクションをする利点は、意見やアドバイスなどのフィードバックが得られるということです。自分では気づかない考え方や価値観などを指摘してもらうことにより、当たり前に思っていた自分の持論を意識化することができます。

このとき留意したいことは、コメントをする他者（上司や同僚）は、①率直な意見を、②建設的に伝えることです。あたりさわりのない表面的な意見を出しても良いフィードバック情報にはなりませんし、相手を攻撃するような否定的な意見は、本人の内省しようという意欲を減退させてしまいます。

経験学習カルテを用いた面談やワークショップの際には、これらの点に配慮したリフレクションのルール決めをすることが大事でしょう。

ツール3　経験キャリアシート

経験学習カルテは、短期的に経験を振り返るツールですが、もう少し長い期間にわたって、自身のキャリアを振り返るためのツールが、図表6-3に示した経験キャリアシートです。

図表6-3に示した例は、ある出版社でビジネス雑誌の記事を担当している記者の方が、自分の入社から30代前半までのキャリアを振り返ったものです。

例えば、三〇代半ばにさしかかった人であれば、キャリア段階ごと（最初の三年間、二〇代の後半、三〇代の前半）にどのような経験をし、どのような教訓を得たのか。そのとき、どのような姿勢で仕事に

図表6-3｜経験キャリアシート

長期（数年）の経験を振り返る

		経験学習		仕事の姿勢
		経　験	学　び	
キャリア	最初の3年間	経済雑誌の編集部で記者として働いたが、そもそも記者になるつもりはまったくなかったため、はじめの3年ぐらいは、非常に苦労した。それでも優秀な先輩記者（入社3年目）が懇切丁寧に指導してくれ、評価される記事が書けるようになった。	試行錯誤を繰り返し、また先輩の指導もあり、インタビューの技術が向上した。また、最大の情報源は人であることを理解し、取材のネットワークを広げることに力を注ぐようになった。	とにかく、はじめは「記者である自分」を受け入れて、折り合いをつけることで精いっぱいだった。はじめて評価される記事を書いたのは2年目だったが、それからコンスタントにいい記事が書けたわけではなく、仕事が面白くなくてサボったり、転職活動をしたこともあった。結婚して子供が産まれ、まじめに仕事に取り組もうと思うようになった気がする。
	20代の後半	ある巨大流通グループの厳しい経営実態につきスクープ記事を書き、社内外で評価された。この体験によって、記者という仕事が、自分に向いていなくもないと感じるようになった。	書いた記事のインパクトが大きいと、それを契機に有力な情報ネットワークができることを知った。また財務で企業を評価する重要性を知った一方で「利益だけが企業を評価する指標なのか」という問題意識も持つようになった。	評価される記事を何本か書くうちに、「記者である自分」と折り合いがつけられるようになり、仕事に面白みを感じるようになった。経営者の謦咳に触れることも、貴重な経験であり、年代を超えて信頼関係が生まれることの楽しさも知った。
	30代の前半	担当業種が流通業から家電に変わり、ものづくり産業・企業の取材を通して、日本企業の強さについて目が開かれた。	反響の高い記事を書き、同業他社からヘッドハンティングの声がかかった。それは断ったが、メディア企業のアグレッシブな人材マネジメントの一端に触れ、自分の会社の「ぬるさ」に不満を覚えるようになった。	雑誌のモデルチェンジ作業に関わって、取材して記事を書く記者としての仕事だけでなく、編集的な仕事の面白さを知った。読者に支持され、部数を伸ばすためのマネジメントに問題意識を持つようになり、「部数で日本一の経済誌になるためにどうすればいいか」を考えるようになった。

取り組んだのかが記入できるようになっています。

その期間における全般的な仕事内容を振り返り、自分を成長させてくれた経験を記入します。ただし、ドラマティックな経験だけでなく、一見地味な経験も大切になることを忘れないでください。

この時間幅や仕切り方は自由に変えてもらって結構です。「二〇代、三〇代、四〇代」という区切りでもよいですし、三〇代の経験に絞って「三〇代前半、三〇代後半」でも構いません。

仕事に対する姿勢は、ストレッチ、リフレクション、エンジョイメント、思い、つながりの観点から評価します。つまり、「はじめはとてもできないと思っていたが、周りの人に励まされながら、乗り越え、途中から楽しくなった」など、経験するときに、どのような気持ちだったのかを思い出し、記入します。すると、単なるイベントや事象の記録ではなく、魂のこもった記録になります。

経験キャリアシートを作成することにより、自分が身につけた知識・スキルを棚卸するとともに、今後どのような経験を積み、どのような姿勢で仕事に向かうべきかを考えることができます。

職場でワークショップを開く

将来の展望が見えなかったり、先が見えずに悩んでいる若手社員がいたとしたら、自分より少し上の先輩の経験キャリアシートを見ることで、成長のイメージを持ったり、つまらないと思っていた今の仕事の意義に気づくことができるでしょう。

図表6-4は、職場で行われるワークショップのイメージです。この例では、経験三年以内の営業部

図表6-4｜職場ワークショップのイメージ

営業部・ワークショップ
「中堅社員の営業経験を聞く会」

参加者：営業部若手（営業経験３年以内）５名
目　的：中堅社員の成長経験を聞き、自身の仕事に生かす
司　会：Bさん（営業経験10年目、33歳）

13:00～13:10	ワークショップの趣旨説明
13:10～13:30	Aさんの一皮むけた経験 （営業経験8年目、31歳）
13:30～13:40	Aさんとの質疑応答
13:40～14:00	若手グループディスカッション （Aさんの経験から何を学ぶか）
14:00～14:10	若手発表 （今後の仕事に生かしたいこと）
14:10～14:20	Aさんからのコメント・アドバイス
14:20～14:30	まとめ

の若手が中堅社員の一皮むけた経験（自分を成長させてくれた経験）を聞き、自分の仕事に生かすという趣旨になっています。

自分たちよりも少しだけ年齢が上の身近な先輩が、「最初の三年、二〇代の後半」にどのような経験をし、そこから何を学んだかを語るのを聞き、今の仕事のあり方を考えることができます。

具体的には、若手のリーダー格のAさんが、経験キャリアシートに沿って一皮むけた経験を語り、簡単な質疑応答をしてから、「Aさんの経験から何を学ぶか」について若手同士が議論します。その後、若手が「今後の仕事に生かしたいこと」というテーマで、話し合った内容を発表し、Aさんが若手に対してコメントやアドバイスをするという流れです。

この例は、一人の経験を聞く、九〇分間のショート・ワークショップですが、発表者を二人にしたり、もう少し長い時間をとったワークショップも可能です。職場の状況や社員の希望に合わせて、発表者数やディスカッション時間を自由に設定してください。

いずれの形式でも、「他者の経験から学び」、「発表者が気づいていない点を指摘すること」で、話す側と聞く側の双方が、将来の学びを豊かにすることがワークショップの狙いです。

マニュアルや事例集を作成する

図表6-5に示すように、こうしたワークショップを積み重ね、経験キャリアシートを収集・分析すると、経験学習パターンをいくつかに類型化できます。それを冊子化すれば、将来どのように経験を積

図表6-5｜経験キャリアシートの活用サイクル

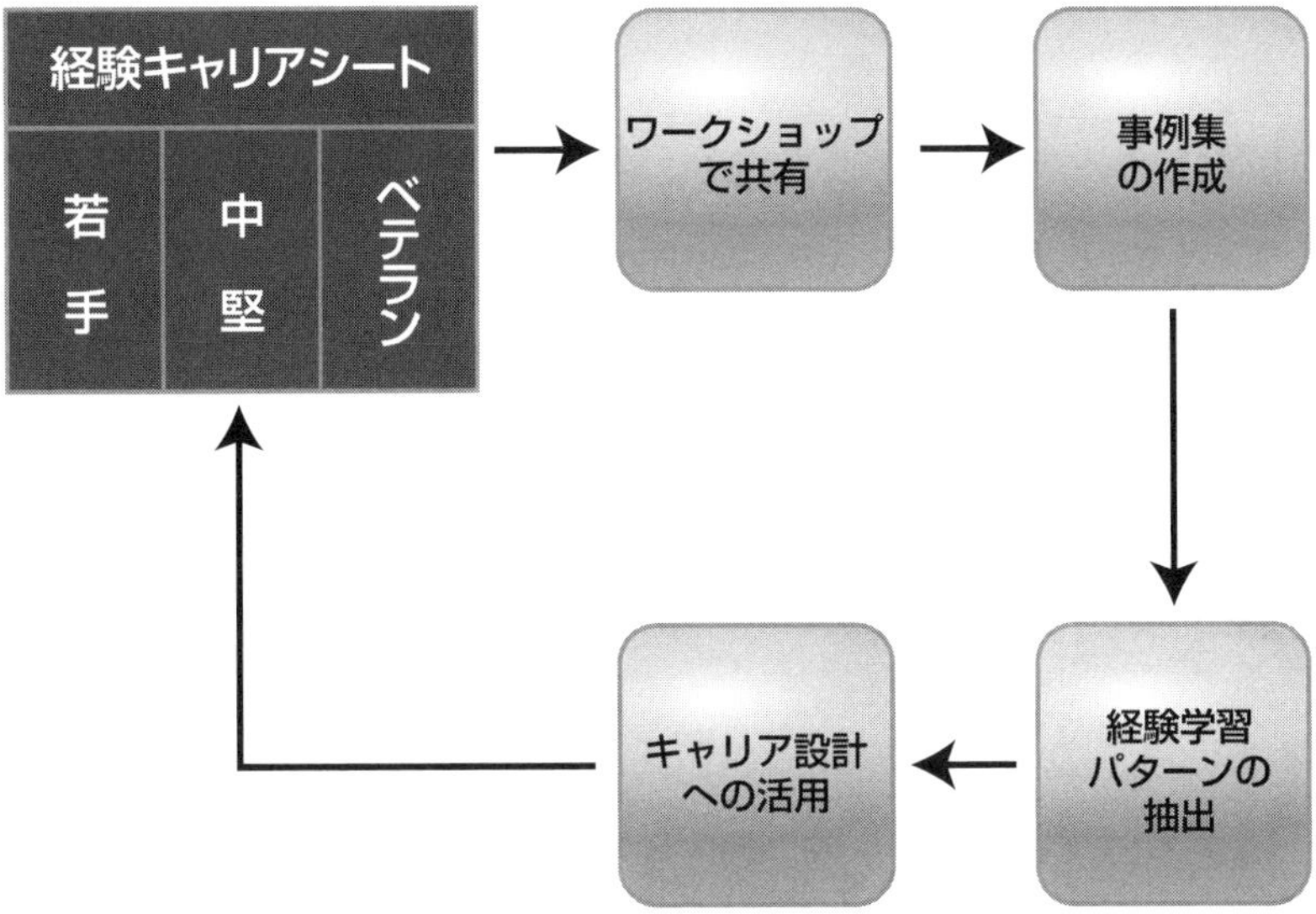

むべきかというキャリア設計の事例集やマニュアルになるでしょう。

例えば、成長している人、成果があがっている人の特徴を明らかにしたり、「女性管理職の成長」、「生産部門での成長」、「営業部門での成長」、「最初の三年間の成長」など、テーマごとに経験学習パターンを可視化することが可能です。

図表6-6は、経験学習パターンの例です。三〇代の中堅営業担当者にキャリアシートを書いてもらい、その中で優秀な担当者のキャリアシートに共通して見られた成長のパターンという想定です（架空の例です）。

このパターンでは、一～五年目の間、要求が厳しい顧客企業を何度も訪問することを通して営業マンとしての基本スキルを身につけ、六～一〇年目の間には、コンサルティング型の提案営業が受け入れられて大口の新規顧客を獲得し、一一年目以降では、数名の部下を率いてチーム

図表6-6｜経験学習パターンの例

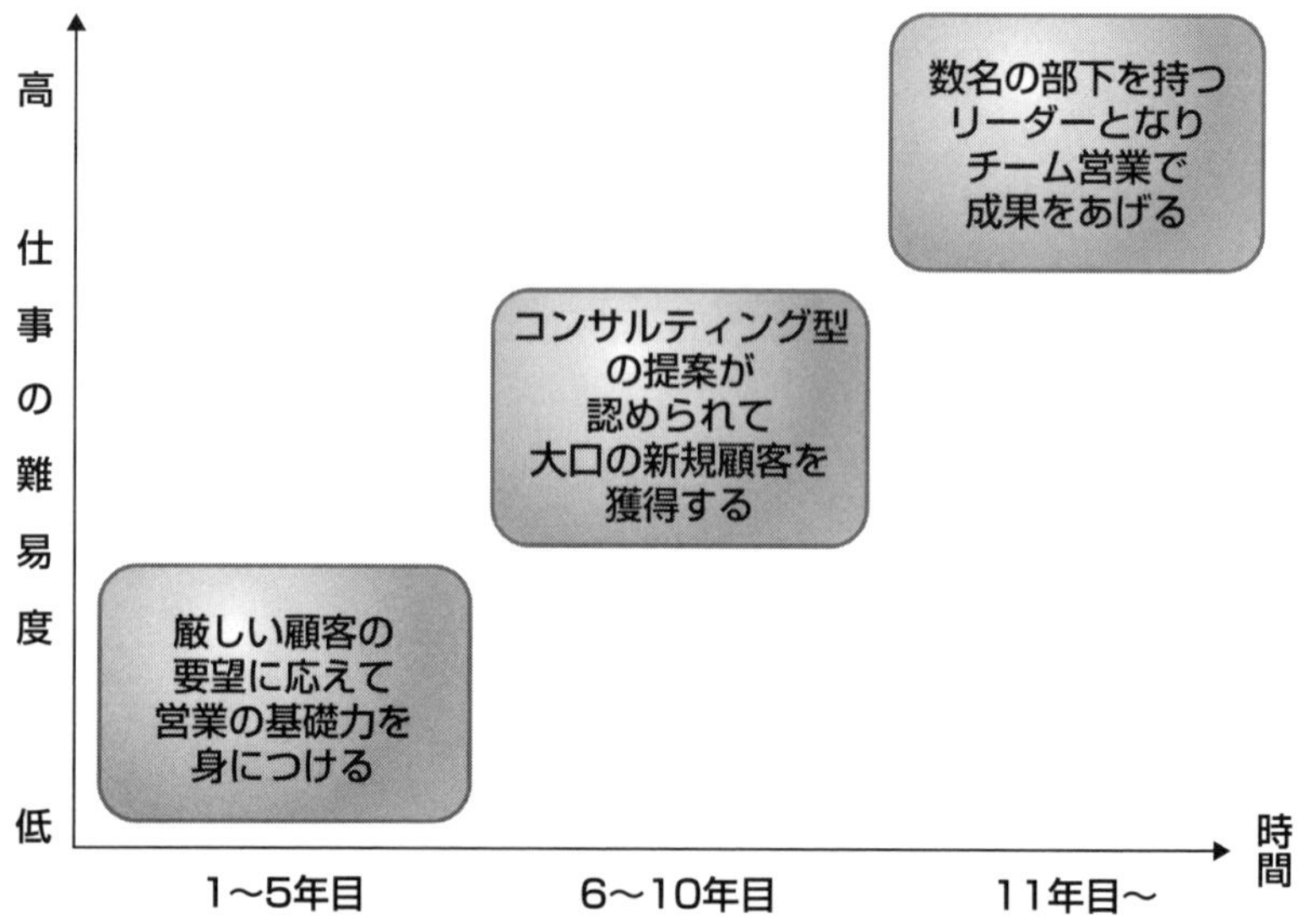
高
仕事の難易度
低
時間
厳しい顧客の要望に応えて営業の基礎力を身につける
コンサルティング型の提案が認められて大口の新規顧客を獲得する
数名の部下を持つリーダーとなりチーム営業で成果をあげる
1〜5年目
6〜10年目
11年目〜

営業で売上をアップさせたという経験を積む、という流れになっています。

優れた人材の経験学習パターンは複数存在することもありますので、Aパターン、Bパターン、Cパターンのように整理し、各自の特性に合った経験学習パターンとして参考にすることもできます。

企業内で定期的に行われるキャリア研修の中に、経験キャリアシートの記入とワークショップを組み込むことで、経験学習のマニュアルや事例集が蓄積し、さらに改訂を重ねると、人材育成のノウハウを構築することができます。

なお、この活用サイクルをすべて実施しなければいけない、というわけではありません。まず職場の気心の知れた仲間で勉強会的に開始することをおすすめします。そして、職場レベル、部門レベル、全社レベルと、できる範囲で展開することが鍵になるでしょう。

第6章のまとめ

経験から学ぶ力を高めるツールは、次のように活用することができます。

□経験から学ぶ力のチェックリストで自己診断、他者診断をする

□経験学習カルテで、経験から学ぶ力を高める

□経験キャリアシートで経験を振り返り、職場で経験を共有する

□経験学習の事例集を作り、経験学習パターンを明らかにする

おわりに

「はじめに」において、経験から学ぶことを「波乗り」にたとえましたが、本書を執筆するという課題は予想以上の「大波」でした。

その要因の一つは、「経験から学ぶ力」の研究が少ないということ。もう一つは、今回の執筆において、わかりやすく書くことが求められたからです。

過去の研究が少ない中で、具体的なエピソードを収集しながら平易な言葉で本書を書き進むことは、私にとってストレッチ経験でした。

しかし、データを分析しながら「何が本質なのか」と内省する過程で、新たな知見が浮かび上がってきたときには、研究者としての大きな喜びを味わうことができました。

この本が出来上がるまでの過程を振り返ると、まさに「ストレッチ、リフレクション、エンジョイメント」の実践だったわけです。

そして、何十名というマネジャーにインタビューすることを通して、また、編集担当の石田哲哉さん、間杉俊彦さん、永田正樹さんからの励ましや支援をいただくことで、「つながり」の大切さを実感しました。素晴らしい装丁に仕上げていただいたデザイナーの竹内雄二さん、丁寧に校正していただいた堀律子さんにも感謝いたします。

なお、本書を執筆するために行った調査では、以下の方々にご協力いただきました（五十音順）。心から御礼申し上げます。

阿野安雄氏（プルデンシャル生命保険株式会社）、井部俊子氏（聖路加看護大学）、上原正光氏（古河電気工業株式会社）、小倉真治氏（岐阜大学）、萱野博行氏（株式会社富士ゼロックス総合教育研究所）、紀伊豊氏（株式会社バンダイナムコホールディングス）、勝原裕美子氏（聖隷浜松病院）、金井壽宏氏（神戸大学）、河原孝夫氏（理想科学工業株式会社）、小林美恵子氏（有限責任監査法人トーマツ）、駒沢紀明氏（花王株式会社）、今田美佐子氏（公益財団法人原子力安全研究協会）、宗定勇氏（京都大学）、酒井穣氏（フリービット株式会社）、坂本雅明氏（株式会社富士ゼロックス総合教育研究所）、仙波君彦氏（株式会社ツムラ）、曽山哲人氏（株式会社サイバーエージェント）、高橋勝浩氏（株式会社ＰＩＳパートナーズ）、高野甲子雄氏（公益財団法人原子力安全研究協会）、田中希久代氏（キャリアバンク株式会社）、津田良洋氏（有限責任監査法人トーマツ）、中西善信氏（株式会社ＮＴＴデータアイ）、中原淳氏（東京大学）、西川潔氏（株式会社ネットエイジ）、西山裕子氏（株式会社富士ゼロックス総合教育研究所）、平野光俊氏（神戸大学）、福山雅典氏（前田建設工業株式会社）、前田直樹氏（ＤＮＶビジネス・アシュアランス・ジャパン株式会社）、益山健一氏（キャリアバンク株式会社）、松井隆氏（株式会社エリートネットワーク）、南隆介氏（マックスバリュ西日本株式会社）、山崎京子氏（アテナＨＲＯＤ）、横山勝氏（パナソニック電工株式会社）、吉田修己氏（有限責任監査法人トーマツ）、吉野有助氏（株式会社東急総合研究所）、脇本歩氏（ＹＫＫＡＰ株式会社）。

また、原稿を執筆している段階では、神戸大学における私のゼミナールの学生に草稿を読んでもらいました。指導教員に遠慮することなく「ダメ出し」してくれたゼミ生に感謝します。

四年生：魚谷拓生君、勝又理圭さん、坂本真美さん、高田由美さん、寺田智君、草場有紗さん、藤本真理花さん、宮植理奈さん、本薗宜大君、持山勇太君、柳川有紀さん。
三年生：石川健君、井上祐君、上野由佳さん、勝亮太君、北村悠君、久保田裕子さん、佐藤光児君、阪本康一郎君、相津裕士君、田中崇雄君、玉川雄大君、千草祥介君。

最後に、巻頭のとびらの絵を提供してくれた弟の高志、各章のとびらのイラストを書いてくれた妻・希代子に感謝します。

二〇一一年一一月

松尾　睦

参考文献など

1 Dreyfus, S.E.(1983) How Expert Managers Tend to Let the Gut Lead the Brain. *Management Review*, September: 56-61.

2 Wagner, R.K. and Stanovich, K.E.(1996) Expertise in Reading. In K.A. Ericsson (Ed.), *The Road to Excellence*. Mahwah, NJ: LEA.

3 ワークス研究所(２０１０)『Works』No.99、４-５月号.

4 Katz, R.L.(1955) Skills of an Effective Administrator. *Harvard Business Review*, Jan-Feb: 33-42.

5 Lui, S.S., Ngo, H., and Tsang, A.W.(2003) Socialized to be a Professional: A Study of the Professionalism of Accountants in Hong Kong. *International Journal of Human Resource Management*, 14(7): 1192-1205.

6 Cropanzano, R., Goldman, B., and Folger, R.(2005) Self-interest: Defining and Understanding a Human Motive. *Journal of Organizational Behavior*, 26(8): 985-991.

Meglino, B.M. and Korsgaard, M.A.(2004) Considering Rational Self-Interest as a Disposition: Organizational Implications of Other Orientation. *Journal of Applied Psychology*, 89(6): 946-959.

7 Hoffman, R.R.(1998) How can Expertise be Defined?: *Implications of Research from Cognitive Psychology*. In R. Williams, W. Faulkner, & J. Fleck(eds.), *Exploring Expertise* (pp.81-100). New York: Macmillan.

8 ドナルドN・サル、ドミニク・ボールダー「理想と現実のギャップを埋めるコミットメントの自己理術」『ＤＩＡＭＯＮＤハーバード・ビジネス・レビュー』２００５年６月号、p25-41.

9 Hedberg, B.L.T.(1981) How Organizations Learn and Unlearn. In P.C. Nystrom and W.H. Starbuck (eds.), *Handbook of Organizational Design, Vol. 1*. New York: Oxford University Press.

10 鶴見俊輔（２００６）朝日新聞、２００６年12月27日号
11 中原淳・金井壽宏『リフレクティブ・マネジャー』光文社新書
12 米長邦雄『不運のすすめ』角川書店
13 塩野七生（２００８）『ローマから日本が見える』集英社文庫
14 Lombardo, M.M. & Eichinger, R.W.（2010）*The Career Architect*: Development Planner, 5th edition. Lominger International.
15 デューイ著／市村尚久訳（２００４）『経験と教育』講談社（Dewey, J.（1938）*Experience and Education*. Kappa Delta Pi）
16 辰野千寿・高野清純・加藤隆勝・福沢周亮編（１９８６）『多項目・教育心理学辞典』教育出版
17 ジェリー・メイヤー、ジョン・P・ホームズ編、ディスカヴァー21編集部訳『アインシュタイン１５０の言葉』株式会社ディスカヴァー・トゥエンティワン（１９９７）（Mayer, J. and Holms, J.P.（1996）*Bite-size Einstein: Quotations on just about Everything form the Greatest Mind of the Twentieth Century*. Gramercy.）
18 金井壽宏（２００２）『仕事で「一皮むける」』光文社
19 金井壽宏（２００２）『仕事で「一皮むける」』光文社. McCall, M.W., Lombardo, M.M., and Morrison, A.M.（1988）The Lessons of Experience: How Successful Executives Develop on the Job. NY: The Free Press. McCall, M.W.（1998）High Flyers: Developing the Next Generation of Leaders. Boston, MA: Harvard Business School Press.（マッコール著・金井壽宏監訳『ハイ・フライヤー：次世代リーダーの育成法』プレジデント社、２００２）谷口智彦（２００９）『「見どころのある部下」支援法』プレジデント社
20 Bandura, A.（1977）*Social Learning Theory*. Prentice-Hall.（バンデューラ著／原野広太郎監訳『社会的学習理論―人間理解と教育の基礎』金子書房）
21 ダイヤモンド社刊『フレッシャーズ・コース２０１２』第三巻、p.28.
22 Kolb, D.A.（1984）*Experiential Learning: Experience as the Source of Learning and Development*.

New Jersey: Prentice-Hall. オリジナルのモデルは、「具体的な経験」(concrete experience)、「内省的な観察(reflective observation)」、「抽象的な概念化(abstract conceptualization)」「積極的な実験(active experimentation)」というステップから構成されている。

23 茂木健一郎&ＮＨＫ「プロフェッショナル」制作班編「自分を信じる強さを持て：バレリーナ　吉田都」『プロフェッショナル仕事の流儀：勝負の決断はこうして下せ』ＮＨＫ出版

24『週刊ダイヤモンド』２０１０年４月10日号、p59.

25 Ericsson, K.A., Krampe, R., and Tesch-Romer, C.(1993) The Role of Deliberate Practice in the Acquisition of Expert Performance. *Psychological Review*, 100(3): 363-406.

三宮真智子(１９９６)「思考におけるメタ認知と注意」『認知心理学４：思考』市川伸一(編)東京大学出版会

26 平尾誠二・金井壽宏『型破りのコーチング』ＰＨＰ新書

27 永田照喜治(２００３)『食は土にあり—永田農法の原点』ＮＴＴ出版、p.37.

28 Mitchell, K.E., Levin, AL S., and Krumboltz, J.D.(1999) Planned Happenstance: Constructing Unexpected Career Opportunities. *Journal of Counseling and Development*, 77: 115-124.

29 Glaser, B.G. and Strauss, A.L.(1967) *The Discovery of Grounded Theory: Strategies for Qualitative Research*. Chicago: Aldine Publishing（グレイザー、ストラウス著／後藤隆・大出春江・水野節夫訳『データ対話型理論の発見—調査からいかに理論をうみだすか』新曜社）Strauss, A. and Corbin, J.(1990) *Basics of Qualitative Research*. Newbury Park: Sage（ストラウス、コービン著／南裕子監訳、操華子・森岡崇・志自岐康子・竹崎久美子訳(１９９９)『質的研究の基礎—グラウンデッド・セオリーの技法と手順』医学書院）

30 グラウンデッド・セオリー・アプローチは、データから理論を作り上げることを重視する考え方です。この調査では、経験から学ぶ力のモデルを作り上げることよりも、経験から学ぶための方略に関するカテゴリーを抽出するためにグラウンデッド・セオリー・アプローチを用いました。

31 Davies, J. and Easterby-Smith, M.(1984) Learning and Developing from Managerial Work

Experiences. *Journal of Management Studies*, 21(2): 169-183.
32 松尾睦（２００６）『経験からの学習：プロフェッショナルへの成長プロセス』同文舘出版.
33 K・アンダース・エリクソン、マイケルJ・プリーチュラ、エドワードT・コークリー「反復練習がカギ――一流人材のつくり方」『DIAMONDハーバード・ビジネス・レビュー』２００８年3月号、p.44-54.
34『日経ビジネス』２００９年1月19日号、p.66.
35 Cook, S.D.N. and Brown, J.S.(1999) Bridging Epistemologies: The Generative Dance between Organizational Knowledge and Organizational Knowing. *Organization Science*. 10 (4): 381-400.
36 松尾睦（２００６）『経験からの学習―プロフェッショナルへの成長プロセス』同文舘出版
37 Matsuo, M. and Easterby-Smith, M.(2008) Beyond the Knowledge Sharing Dilemma: The Role of Customization. *Journal of Knowledge Management*, 12(4): 30-43
38 松尾睦（２０１０）「救急医の熟達と経験学習」『国民経済雑誌』第２０２巻第4号、pp13-14
39 日経産業新聞、２０１０年8月26日、「企業流改革で日本一に」『日経ビジネス』２０１０年6月14日号、p.76-79.
40 五嶋節『「天才」の育て方』講談社現代新書、p.83-85.
41 Spreitzer, G.M., McCall, M.W., and Mahoney, J.D.(1997) Early Identification of International Executive Potential. *Journal of Applied Psychology*, 82(1): 6-29.
42 Spreitzer, G.M., McCall, M.W., and Mahoney, J.D.(1997) Early Identification of International Executive Potential. *Journal of Applied Psychology*, 82(1): 6-29.
43 Yanow, D (2009) Ways of Knowing Passionate Humility and Reflective Practice in Research and Management. *The American Review of Public Administration*, 39(6): 579-601
44 クリス・アージリス著／DIAMONDハーバード・ビジネス・レビュー編集部編訳「防衛的思考を転換させる学習プロセス」『組織能力の経営論』ダイヤモンド社、p.129.
45 Sehon, D.A.(1983) The Reflective Practitioner: How Professionals Think in Action. Basic Books, Inc.

（ドナルド・ショーン著／柳沢昌一、三輪建二監訳『省察的実践とは何か：プロフェッショナルの行為と思考』鳳書房）

46 Gray, D.E.(2007) Facilitating Management Learning : Developing Critical Reflection Through Reflective Tools, *Management Learning*, 38(5): 495-517.

47 このモデルは、神戸大学の金井壽宏教授とのディスカッションによってヒントを得ました。

48 Amabile, T.M.(1988) A Model of Creativity and Innovation in Organizations. In B.M. Staw and L.L. Cummings (Eds), *Research in Organizational Behavior*, 10: 123-167. Greenwich, CT: JAI Press. Amabile, T.M., Conti, R., Coon, H., Lazenby, J., and Herron, M.(1996) Assessing the Work Environment for Creativity. *Academy of Management Journal*, 39(5): 1154-1184.

49 Mitchell, K.E., Levin, AL S., and Krumboltz, J.D.(1999) Planned Happenstance: Constructing Unexpected Career Opportunities. *Journal of Counseling and Development*, 77, 2: 115-124.

50 茂木健一郎＆ＮＨＫ「プロフェッショナル」制作班編「修業は、一生終わらない」小野二郎『プロフェッショナル仕事の流儀：きのうの自分をこえてゆけ』p. 215-216.

51 Csikszentmihalyi, M.(1990) *Flow: The Psychology of Optimal Experience*. Harper & Row.（ミハイ・チクセントミハイ著／今村浩明訳『フロー体験：喜びの現象学』世界思想社 P.5）

52 Weick, K.E.(1995) *Sensemaking in Organizations*. Sage Publications.（ワイク著／遠田雄志・西本直人訳『センスメーキング・イン・オーガニゼーションズ』文眞堂）

53 Kuruglanski, A.W.(1978) Endogenous Attribution and Intrinsic Motivation. In M.R. Lepper and D. Greene (Eds.) *The Hidden Costs of Reward*. Hillsdale, NJ: Lawrence Erlbaum Associates.

54 Amabile, T.M.(1988) A Model of Creativity and Innovation in Organizations. In B.M. Staw and L.L. Cummings (Eds), *Research in Organizational Behavior*, 10: 123-167. Greenwich, CT: JAI Press. Amabile, T.M., Conti, R., Coon, H., Lazenby, J., and Herron, M.(1996) Assessing the Work Environment for Creativity. *Academy of Management Journal*, 39(5): 1154-1184.

55 Mitchell, K.E., Levin, AL S., and Krumboltz, J.D.(1999) Planned Happenstance: Constructing

Unexpected Career Opportunities. *Journal of Counseling and Development*, 77: 115-124.
56「日経ビジネス」２００６年12月25日・２００７年１月１日号「堀場製作所：会社ほどおもろい場所はない」p. 32-37.
57「日経ビジネス」２００６年12月25日・２００７年１月１日号「堀場製作所：会社ほどおもろい場所はない」p. 32-37.
58 Csikszentmihalyi, M.(1990) *Flow: The Psychology of Optimal Experience*. New York: Harper and Row.
59 Seligman, M.E.P and Csikszentmihalyi, M.(2000) Positive Psychology: An Introduction. *American Psychology*, 55(1): 5-14.
60 Abelson, R.P.(1979) Differences between Belief and Knowledge Systems. *Cognitive Science*, 3: 355-366.
61 Schoenfeld, A.H.(1985) *Mathematical Problem Sovling*. Orland, FL: Academic Press. Eichenbaum, H. and Bodkin, J.A.(2000) *Belief and Knowledge as Distinct Forms of Memory*. In: D.L. Schacter and E. Scarry (Eds.), *Memory, Brain, and Belief*. Harvard University Press.
62 Nelson, T.O. and Narens, L.N.(1994) Why Investigate Metacognition? In J. Metcalfe, and A.P. Shimamura (Eds.) *Metacognition: Knowing about Knowing*. Cambridge, MA: MIT Press.
63 Lui, S.S., Ngo, H., and Tsang, A.W.(2003) Socialized to be a Professional: A Study of the Professionalism of Accountants in Hong Kong. *International Journal of Human Resource Management*, 14(7): 1192-1205.
64 Cropanzano, R., Goldman, B., and Folger, R.(2005) Self-interest: Defining and Understanding a Human Motive. *Journal of Organizational Behavior*, 26(8): 985-991.
Meglino, B.M. and Korsgaard, M.A.(2004) Considering Rational Self-Interest as a Disposition: Organizational Implications of Other Orientation. *Journal of Applied Psychology*, 89(6): 946-959.
65 Abelson, R.P.(1979) Differences between Belief and Knowledge Systems. *Cognitive Science*, 3: 355-

366. Abelson, R.P.(1986) Beliefs are Like Possessions. *Journal for the Theory of Social Behaviour*, 16(3): 223-250.

66 Gumesson, E.(1987) *Marketing-along-terminteractiverelationship*. Contributiontoa new marketingtheory.Stockholm,Sweden:Marketingtechnologycenter.

67 Hackman, J.R. and Oldham, G.R.(1975) Development of the Job Diagnostic Survey. *Journal of Applied Psychology*, 60: 159-170.

68 VandeWalle, D., Brown, S.P., Cron, W.L., and Slocum, J.W.(1999) The Influence of Goal Orientation and Self-Regulation Tactics on Sales Performance: A Longitudinal Field Test. *Journal of Applied Psychology*, 84(2): 249-259.

VandeWalle, D. and Cummings, L.L.(1997) A Test of the Influence of Goal Orientation on the Feedback-Seeking Process. *Journal of Applied Psychology*, 82(3): 390-400.

69 Dragoni, L., Tesluk, P.E., and Oh, I(2009) Understanding Managerial Development: Integrating Developmental Assignments, Learning Orientation, and Access to Developmental Opportunities in Predicting Managerial Competencies. *Academy of Management Journal*, 52(4): 731-743. Gong, Y., Huang, J., and Farh, J.(2009) Employee Learning Orientation, Transformational Leadership, and Employee Creativity: The Mediating Role of Employee Creative Self-Efficacy. *Academy of Management Journal*, 52(4): 765-778.

70 Silver, L.S., Dwyer, S., and Alford, B.(2006) Learning and Performance Goal Orientation of Salespeople Revised: The Role of Performance-Approach and Performance-Avoidance Orientations. *Journal of Personal Selling & Sales Management*, 26(1): 27-3.

71 Seijts, G.H. and Latham, G.P.(2005) Learning Versus Performance Goals: When Should Each Be Used? *Academy of Management Executive*, 19(1): 124-131.

72 Janssen, O. and Jelle Prins, J.(2007) Goal Orientations and the Seeking of Different Types of Feedback Information. *Journal of Occupational and Organizational Psychology*, 80: 235-249.

73 Miner, J.B., Crane, D.P., and Vandenberg, R.J.(1994) Congruence and Fit in Professional Role Motivation Theory. *Organization Science*, 5(1): 86-97. Lui, S.S., Ngo, H., and Tsang, A.W.(2003) Socialized to be a Professional: A Study of the Professionalism of Accountants in Hong Kong. *International Journal of Human Resource Management*, 14(7): 1192-1205.

74『聖書：新改訳』(日本聖書刊行会、２００２)、『新聖書注解：新約１』(増田他編、いのちのことば社、１９７３)

75『広辞苑』第六版(岩波書店)

76 Higgins, M.C. and Kram, K.E.(2001) Reconceptualizing Mentoring at Work: A Developmental Network Perspective. *Academy of Management Review*, 26(2): 264-288.

77 Chandler, D.E. and Kram, K.E.(2005) Applying an Adult Development Perspective to Developmental Networks. *Career Development International*, 10(6/7): 548-566. Murphy, W.M. and Kram, K.E.(2010) Understanding Non-Work Relationships in Developmental Networks. *Career Development International*, 15(7): 637-663.

78 荒木淳子(２００８)「職場を越境する社会人学習のための理論的基盤の検討—ワークプレイスラーニング研究の類型化と再考」『経営行動科学』第21巻第２号、p.119-128.

79 山岸俊男(１９９９)『安心社会から信頼社会へ—日本型システムの行方』中公新書

80 Higgins, M.C. and Kram, K.E.(2001) Reconceptualizing Mentoring at Work: A Developmental Network Perspective. *Academy of Management Review*, 26(2): 264-288.

81 Rothwell, W.J. and Kazanas, H.C.(2004) *Improving on-the-Job Training: How to Establish and Operate a Comprehensive OJT Program*. SF: Wiley.

82 van Zolingen, S.J, Streumer, J.N, de Jong, R., and van der Klink, M.R.(2000) Implementing on-the-Job Training: Critical Success Factors. *International Journal of Training and Development*, 4(3): 208-216.

83 Barron, J.M., Berger, M.C., and Black, D.A.(1999) Do Workers Pay for on-the-Job Training? *Journal*

of Human Resources, 34(2): 235-252. Benson, G.S.(2006) Employee Development, Commitment and Intention to Turnover: A Test of 'Employability' Policies in Action. *Human Resource Management Journal*, 16(2): 173-192.

84 Choo, A.S., Linderman, K.W., and Schroeder, R.G.(2007) Method and Psychological Effects on Learning Behaviors and Knowledge Creation in Quality Improvement Projects. *Management Science*, 53(3): 437-450. Choo, A.S., Linderman, K.W., and Schroeder, R.G. 2007 Method and Context Perspectives on Learning and Knowledge Creation in Quality Management. *Journal of Operations Management*, 25: 918-931.

85「育て上手のＯＪＴ指導者」調査を基に、ダイヤモンド社人材開発編集部と共同で開発したＯＪＴ診断ツール「ＤＬＬ(ダイヤモンド・ラーニング・リーダー)」では、より詳細なＯＪＴ項目を扱っていますが、本書では、わかりやすく説明するために、項目を絞り込んでいます。

86 平井 伯昌『見抜く力―夢を叶えるコーチング』幻冬舎新書、p.83-84

87 大村はま『新編　教えるということ』ちくま学芸文庫、p.224-225

88 指導対象(１年目、２～５年目)と人材育成能力(高、低)を独立変数に、４つの指導方法を従属変数として、２×２の分散分析を実施したところ、指導対象に関してのみ主効果が見られました。

89 指導対象(１年目、２～５年目)と人材をつぶす傾向(高、低)を独立変数に、４つの指導方法を従属変数として、２×２の分散分析を実施したところ、指導対象と人材をつぶす傾向について交互作用が見られました。

90 Dooley, C.R. (2001) The Training within Industry Report 1940-1945. *Advances in Developing Human Resources*, 3(2): 127-289. Jacobs, R.L. (2003) *Structured on-the-Job Training: Unleashing Employee Expertise in the Workplace, 2nd edition*. SF: Berrett-Koehler. Rothwell, W.J. and Kazanas, H.C. (2004) *Improving on-the-Job Training: How to Establish and Operate a Comprehensive OJT Program*. SF: Wiley.

91 林部敬吉・雨宮正彦『伝統工芸の「わざ」の伝承：師弟相伝の新たな可能性』酒井書店

[著者]
松尾 睦（まつお・まこと）
神戸大学大学院 経営学研究科 教授
小樽商科大学商学部卒業。北海道大学大学院文学研究科（行動科学専攻）修士課程修了。東京工業大学大学院社会理工学研究科（人間行動システム専攻）博士課程修了。英国ランカスター大学よりPh.D.（Management Learning）取得。塩野義製薬、東急総合研究所、岡山商科大学、小樽商科大学を経て現職。主な著書に『経験からの学習：プロフェッショナルへの成長プロセス』（同文舘出版）、『学習する病院組織―患者志向の構造化とリーダーシップ』（同）、The Role of Internal Competition in Knowledge Creation（Peter Lang）。

職場が生きる人が育つ
「経験学習」入門

2011年11月25日　第1刷発行
2013年4月8日　第5刷発行

著　者――松尾 睦
発行所――ダイヤモンド社
〒150-8409　東京都渋谷区神宮前6-12-17
http://www.diamond.co.jp/
電話／03·5778·7229（編集）　03·5778·7240（販売）

装丁――――竹内雄二
製作進行――ダイヤモンド・グラフィック社
印刷――――八光印刷（本文）・慶昌堂印刷（カバー）
製本――――川島製本所
編集担当――間杉俊彦

ISBN 978-4-478-01729-6